経理財務担当者、士業のための

最短で導き出す
分配可能額

公認会計士
石王丸周夫 著

清文社

はじめに

　二つの異なる専門分野にまたがる仕事というのは、そう簡単にはいかないことが多いものです。例えば、外国語で決算書を作成する業務はその典型です。会計の知識だけでもダメ、語学力だけでもダメ、その両方が揃っていなければ通用しないのです。

　本書のテーマである分配可能額も、二つの分野にまたがった話です。一見、会計の領域の話のようですが、分配可能額の求め方自体は会社法に規定されています。つまり、会計と法律という二つの分野にまたがる話なのです。分配可能額の算定方法が難解であると感じるのは、まさにこの点にあります。

　本書では、その難解である分配可能額の算定方法を無理なく習得できるツールを用意しました。「分配可能額算定シート」です。

　本書に収録されている Excel 形式による「分配可能額算定シート」は、会社法の規定をなぞる形で作成されており、所定の入力セルに数字を入力していくだけで分配可能額を計算することができます。このシートに数字を入力していくことで、会社法の条文に従った分配可能額の算定方法を確認することができます。実務家の皆様には、ぜひ、使っていただきたいと思っています。

　ただし、本書の意図はもう一歩先にあります。

　最終的には「分配可能額算定シート」から卒業していただきたいのです。「分配可能額算定シート」はソロバンだと思ってください。ソロバンの名人は、ソロバンなしでも計算ができます。頭の中にソロバンがあるからだ、とよくいわれます。それは、いうなればバーチャル・ソロバンです。リアル・ソロバンを極めた結果、バーチャル・ソロバンに計算ツールが置き換わったのです。

　分配可能額の算定もこれと同じように考えてください。リアル算定シートをしっかり学習して、最終的にはバーチャル・算定シートに置き換えていただきたいのです。

もちろん、それを可能とするための技法は本書で解説します。「Shortcut」という技法です。分配可能額を求めるには、会社法等の条文に忠実に計算していく方法とは別に、もっと簡単で覚えやすい方法があることが知られています。本書ではこれを「Shortcut」と呼んで、「Shortcut」を使って分配可能額を求める方法を紹介していきます。これを知ってしまえば、もはや「分配可能額算定シート」を必要としなくなるでしょう。

　以上が本書のねらいです。まずは「分配可能額算定シート」という基本を身につけるための型に入り、そしてその型から出るのです。実務に使える知識を確実に身につけるためのこうした試みが、実務家の皆様のお役に立てることを願っております。

　なお、本書に収録の「分配可能額算定シート」は、実務のための参考・学習を主目的としており、その使用は利用者の責任においてなされるものとさせていただきます。

　最後になりましたが、本書の企画・編集にあたっては清文社の折原容子さんに大変お世話になりました。この場を借りて心からお礼を申し上げます。

　2016年11月

公認会計士　石王丸周夫

6 （のれん等調整額−資本等金額）がその他資本剰余金より大きく、かつのれんの2分の1が資本等金額とその他資本剰余金の合計以下である
「C＜（A−B）、かつN≦（B＋C）」（パターン③ⅰ）——— 139

7 （のれん等調整額−資本等金額）がその他資本剰余金より大きく、かつのれんの2分の1が資本等金額とその他資本剰余金の合計を上回る
「C＜（A−B）、かつ（B＋C）＜N」（パターン③ⅱ）——— 142

8 パターン別ののれん等調整額に係る控除額のまとめ——— 145

第4章

10問でマスターする分配可能額

1 「剰余金の額＝分配可能額」のケース——— 154

2 その他有価証券評価差額金（マイナス残）があるケース——— 156

3 その他有価証券評価差額金（プラス残）があるケース——— 158

4 自己株式があるケース——— 160

5 期末日後に自己株式の売却と取得があるケース——— 162

6 のれん及び繰延資産があるケース（パターン①）——— 166

7 のれん及び繰延資産があるケース（パターン②）——— 170

8 のれん及び繰延資産があるケース（パターン③ⅰ）——— 174

9 のれん及び繰延資産があるケース（パターン③ⅱ）——— 178

10 剰余金の配当があるケース——— 182

第5章

難関試験問題にチャレンジ

1 試験問題の構造を見る——— 188

2 試験問題にチャレンジ ———— 191

1 公認会計士試験過去問〜平成26年第Ⅱ回短答式財務会計論 ———— 191

2 日商簿記1級過去問〜平成27年(第140回)会計学 ———— 196

3 税理士試験過去問〜平成27年(第65回)簿記論 ———— 204

3 算定シートからの卒業 ———— 221

Another View

分配可能額は農耕文化の発想か? ———— 8

純資産の部は貸借対照表の「吹きだまり」 ———— 18

分配可能額の一番簡単な概算額計算法 ———— 32

株主資本の計数の変動はややこしい ———— 40

分配可能額は計算書類のどこかに載っているか ———— 54

分配可能額は監査対象か? ———— 65

のれんの額がそこまで巨額な会社があるか ———— 75

巨額のれんとMBOの深い関係 ———— 82

純資産の部〜連結と個別の違い ———— 93

配当予想にも影響する分配可能額 ———— 103

違法配当の原因から見えてくる大事なこと ———— 125

配当原資の選択がその後の配当を左右する ———— 147

準備金の取崩しがあるケース ———— 184

算定シートで触れなかった論点 ———— 217

自社株買いにもつきまとう分配可能額 ———— 224

付属のCD-ROMについて

　本書には、分配可能額の算出を行うため、Excelで作成した算定シートを収録したCD-ROMが付属しています。使用方法については、本書の中で詳しく解説しておりますので、そちらをご参照ください。

[動作環境]

　上記計算シートは、Excel2010において作成・動作確認を行っています。他のVersionとの互換性については、ご自身の責任においてご利用ください。

[商　標]

・Microsoft Excel は米国 Microsoft Corporation の米国およびその他の国における登録商標です。
・本文中では Microsoft Excel は「エクセル」とカタカナで表記しています。
・本書に掲載されている会社名・製品名等は、それぞれ各社の商標・登録商標・商品名です。なお、本文中では Copyright、™ マーク、Ⓡマーク等は省略しております。

[免責事項]

　本製品に起因する直接・間接のいかなる損害についても、著者および当社は一切の責任を負いかねます。

第1章

分配可能額
算定シート

1 算定シートの使用にあたって

　分配とは「分けて配る」ことです。何を配るのかというと、会社が獲得した利潤を配るのです。そして、それを誰に配るのかというと、株主に配るのです。

　会社というのは、株主が拠出した資金によって作られた、営利を目的とする組織です。したがって、会社が利潤を獲得すれば、それを株主に分けて配ろうという話になるのは当たり前のことです。これが「分配」です。

　この分配にはやり方があります。方法は二つです。剰余金の配当か、自己株式の有償取得です。

　剰余金の配当とは、配当、中間配当に加えて、減資の際に払戻しが行われる場合の当該払戻を含みます。一方、自己株式の有償取得は、文字どおり、会社が対価を払って自社株を取得することをいいます。

　以上が「分配」の意味と方法になりますが、「分配」にはもう一つ大事なことがあります。それを「いくらまで分配してよいのか」ということです。それがまさに本書のテーマである「分配可能額」です。

1 算定シートでできること

　本書に収録されている分配可能額算定シート（以下、算定シートという）は、会社法に定められている分配可能額を容易に求めるための計算シートです。エクセルのシートに所定の数字を入力していくだけで、分配可能額が自動的に計算されます。「とりあえず計算結果だけを知りたい」という人でも十分に利用可能なものです。

　算定シートは、算定の過程が明示された複数のシートから構成されています。したがって、分配可能額がどのように計算されたかも確認できるようになっています。単に計算結果を知るためだけでなく、計算過程を学びたいという人にとっ

ても役立つはずです。

　それらのシートはすべて印刷可能ですので、計算過程を文書として残すことも可能です。印刷したシートは、社内資料として使用できます。無論、入力したシートはデータとして保存可能です。

2　算定シートの種類

　本書では二種類の算定シートを用意しています。スタンダード版とイージー版です。

　いずれの算定シートも使用にあたって前提条件がありますが、前提条件の少ないほうがスタンダード版、多いほうがイージー版です。

　会社法においては、分配可能額の算定方法は、あらゆるケースに当てはまるように、網羅的に定められています。実務ではほとんどお目にかかることのない臨時決算や現物配当等が行われるケースも含めて完全な形で定められているのです。しかし、この網羅性が分配可能額の算出を複雑にしています。よって、本書に収録した算定シートでは、こうしたレアケースへの対応をそぎ落としています。そうすることによって分配可能額の算定方法が理解しやすくなり、算定シートも使いやすくなるからです。

　そして、そのそぎ落とし具合により、スタンダード版とイージー版を用意しています。スタンダード版はレアケースへの対応を少しだけ削ったもので、一方のイージー版は大幅に削ったものです。

　おそらく、中小規模の企業であればほとんどの会社がイージー版で間に合うと思われ、大企業であってもスタンダード版なら相当程度まで対応できるものと考えています。

　なお、算定シートで考慮していないレアケースへの対応については、該当する場合の分配可能額への影響を別途後述します（第5章 Another View「算定シートで触れなかった論点」参照）。

3 算定シートの全体像

図表1－1：スタンダード版の全体像　　　図表1－2：イージー版の全体像

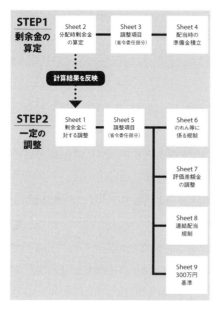
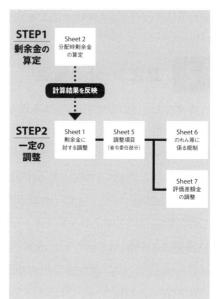

　スタンダード版の全体像は**図表1－1**のとおりです。全部で9枚のSheetから構成されています。9枚のSheetは二つのステップに整理することができます。

STEP1	剰余金の額を算定する
STEP2	剰余金の額に会社法が政策的に定めた一定の調整を加える

※ただし、実際に算定シートが二つのSTEPに分かれているわけではなく、Sheetの入力の順序は問いませんので、どこから入力しても計算結果が得られます。

　STEP1はSheet2、Sheet3及びSheet4からなっています。そこでの計算結果がSTEP2のSheet1に自動転記され、STEP2の計算がなされます。

　STEP2はSheet1、Sheet5、Sheet6、Sheet7、Sheet8及びSheet9からなっています。

以上の入力が終了すると、STEP2の Sheet1 に分配可能額の算定結果が表示されます。

　イージー版も概要は同じです。STEP1と STEP2の二段階を経て分配可能額を計算します。どの Sheet から入力しても構わないという点や Sheet1 に分配可能額の算定結果が表示される点も同じです。

　ただし、イージー版はスタンダード版の Sheet の一部を削除しているので、Sheet の枚数が少ないです。イージー版の Sheet は全部で5枚です。Sheet のナンバーは、同じ内容の Sheet についてはスタンダード版と同じナンバーを付しているので、削除した Sheet については欠番扱いとなっています。その結果、Sheet のナンバーが連番になっていません。抜けているナンバーの Sheet をスタンダード版で確認すると、どの Sheet を削除したのかがわかります。

4　スタンダード版使用の前提

　本書の算定シートはすべての会社で使用可能なわけではありません。前述したとおり、レアケースを除外しているためです。スタンダード版については、以下の前提条件に当てはまる会社でご使用いただけます。

【スタンダード版使用条件】

臨時決算なし
現物配当なし
最終事業年度末日後の組織再編なし
不公正な出資等に係る支払義務による払込なし
最終事業年度末日後の種類株式の活用なし
最終事業年度がある

上記の前提条件について、以下、簡単に用語を説明します。

臨時決算	通常行われる年度の決算とは別に、事業年度の途中で行われる決算 年度決算後、臨時決算日までの損益等を分配可能額に織り込むために任意で行う手続で、いわゆる上場会社の四半期決算とは異なる
現物配当	剰余金の配当にあたって、金銭以外の財産により配当する場合
組織再編	ここでは特に、吸収型再編と呼ばれる既存の会社間における会社組織の変更のことで、吸収合併、吸収分割、株式交換を指す。その吸収型再編で会社や事業を受け入れる側となっている場合が該当 その他に無対価の分割（吸収・新設ともに）において分割会社（事業を切り出す会社）となっている場合も含む
不公正な出資等^{※1}に係る支払義務	株式会社成立時における現物出資財産等の価額が、当該現物出資財産等の定款記載額に著しく不足するとき等に、発起人等が負っている当該不足額の支払義務
種類株式	普通株式と権利内容が異なる特殊な株式（会社法は、定款の定めにより、一定の範囲内で種類株式を発行することを認めている）
最終事業年度が^{※2}ある会社	会社成立2期目以降の会社

※1　この義務が最終事業年度の末日後に履行された場合は、スタンダード版は使用できません。
※2　最終事業年度という用語について、ここではごく普通に前年度というニュアンスで用いていますが、その定義については後述します（P15参照）。

5 イージー版使用の前提

イージー版については、さらに前提条件が増えます。以下のとおりです。

【イージー版使用条件】

臨時決算なし
最終事業年度末日後の株主資本の計数の変動なし
現物配当なし
最終事業年度末日後の組織再編なし
不公正な出資等に係る支払義務による払込なし
300万円基準に該当しない
最終事業年度末日後の種類株式の活用なし
連結配当規制なし
最終事業年度がある

※　　　　はイージー版に特有のもの

上記の前提条件のうち、スタンダード版にはなかったものについて、以下、簡単に用語を説明します。

株主資本の計数の変動	貸借対照表の純資産の部に表示されている株主資本の各項目、すなわち資本金、準備金及び剰余金の数値が、決算手続とは別の手続（株主総会の決議）で変更されること
300万円基準	純資産の額が300万円未満の会社に対する分配規制
連結配当規制	会社が連結計算書類を作成している場合に、分配可能額を連結ベースで算定することを任意で選択している際に用いられる規制

こうした制限を設けているため、イージー版は Sheet 枚数が少なく使いやす いのですが、使いやすさを優先しているため、使用可能な場面が狭まっています。 それでも相当数の会社で使用できるものと考えています。

分配可能額は農耕文化の発想か?

　突飛な例ですが、分配可能額の発想というのは、コメ作りにおける種もみの確保と同 じです。種もみというのは、翌年の植付け用 (種) に使用するもみ (コメ) のことです。収穫 したコメをすべて食べてしまうと翌年の植付けができないので、実付きのよい稲の一部をよ けておき、種もみとするわけです。現代の稲作では種もみ専用の生産農家があるようです が、一昔前まではどこの農家でもこうやっていたそうです。

　分配可能額の趣旨も根本はこれと同じです。獲得した利潤をすべて株主に分配してし まうと、会社の資金が手薄になり、その会社にお金を貸している取引先の立場を危うくし ます。そしていずれは会社の存続にもかかってきます。そこで分配可能額という限度を設 け、「最大でも分配はそこまでにしておきなさい」としているのです。ある意味、これは農耕 文化の発想です。

　ちなみに、欧米にも分配可能額と同様の規制はありますが、日本の分配可能額はどち らかというと厳しいほうの部類に属する規制です。やはり日本人にはなじみやすい規制なの でしょうか。

2 シート別解説（スタンダード版）

1 分配可能額算定の基本式（会社法461条2項）の入力

1 Sheet1の概要

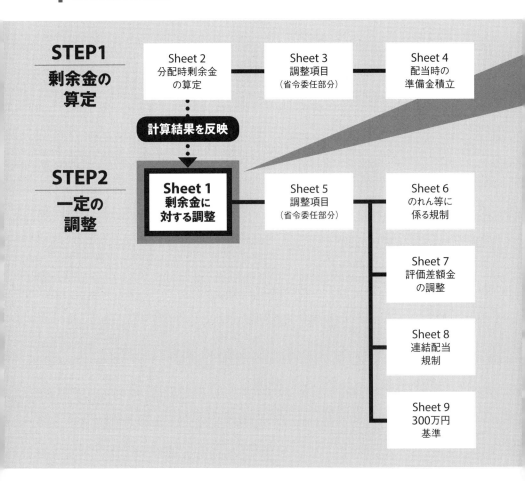

図表1-3：Sheet1イメージ

Sheet1：分配可能額算定の基本式（会社法461条2項）

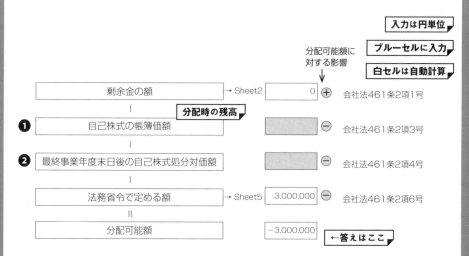

このシートの目的

剰余金の額に一定の調整を行って分配可能額を算定します。

入力時の注意

・入力する項目はブルーのセルのみです（書籍中では▢▢▢となっている箇所）。

・該当しない項目は入力する必要はありません。

・円単位で入力します。

・「自己株式の帳簿価額」のセルに入力するのは、期末時点の金額ではなく、
　分配時（効力発生日）の自己株式残高です。このセルに期末時点の自己株式残
　高を入力すると、分配可能額が間違った値になってしまいます。

・スタート時に3,000,000という数字が表示されていますが、これは他のSheetが
　入力されれば正しい数字に更新されます。

根拠条文

会社法461条2項

2 入力項目の解説

　Sheet1の趣旨は、Sheet1だけを見ていてもわかりません。Sheet2で計算される分配時の剰余金の額とSheet5で計算される調整項目を合わせて考えなければ、理解できないのです。

　特に自己株式に関する入力項目は、Sheet2と合わせて意味をなすので、Sheet1だけを見ていてもわかりません。したがって、ここでは深く考えないようにしてください。

　このSheetのタイトルは「分配可能額算定の基本式」となっていますが、「基本式なので覚えてほしい」ということではありません。まずは、剰余金の額に調整をして分配可能額になるという基本構造だけを覚えてください。

　以下、入力欄について説明していきます。

❶ 自己株式の帳簿価額

　会社が自ら保有している自社の株式が、自己株式です。その帳簿価額を入力します。このとき期末時点の金額ではなく分配時（効力発生日）の自己株式残高を入力するのがポイントです。会社法461条2項3号では、単に「自己株式の帳簿価額」としか書いてありませんが、これは期末時点の金額ではなく分配時の自己株式残高を意味しています。分配時基準で分配可能額を算定するという考え方がベースにあるのです。

　「分配時の自己株式残高」は、決算書に記載された期末残高を基に、分配時までの増減を加味して求めることができます。

　例えば、期末の自己株式残高が100、その後分配時までに、20取得し、30売却したのなら、100＋20－30＝90となります。よって、90を「自己株式の帳簿価額」の欄に入力します。

　会社の実務では、分配時の直近月末の試算表で自己株式残高を知ることができるので、その額にその後の増減（分配時まで）を加味すれば求めることができます。

❷ 最終事業年度末日後の自己株式処分対価額

自己株式の処分とは、自己株式を他に譲渡することをいい、典型的なものとしては自己株式の売却があります。その場合、対価額とはその時の売却価額です。つまり、「自己株式処分対価額」というのは、自己株式売却価額のことです。帳簿価額100の自己株式を120で売却した場合、自己株式処分対価額は120になります。ここでは、最終事業年度末日後に自己株式を処分した場合の対価額を入力します。

3 キーワード

・分配時基準

分配時基準という考え方は、「分配可能額は実際に分配する時点（効力発生日）の額を算出する」というものです。分配時基準がとられているのは、剰余金の配当や自己株式の取得を期中いつでもできる仕組みとしているからです。決算日基準で算定するものと勘違いしていると、会社法の条文を読み間違えてしまいます。なお、効力発生日は、株主総会で配当決議をする際の決議項目の一つです。

・最終事業年度

定時総会で計算書類の承認がなされた事業年度で直近のものという意味です。

図表1-4：最終事業年度の意味

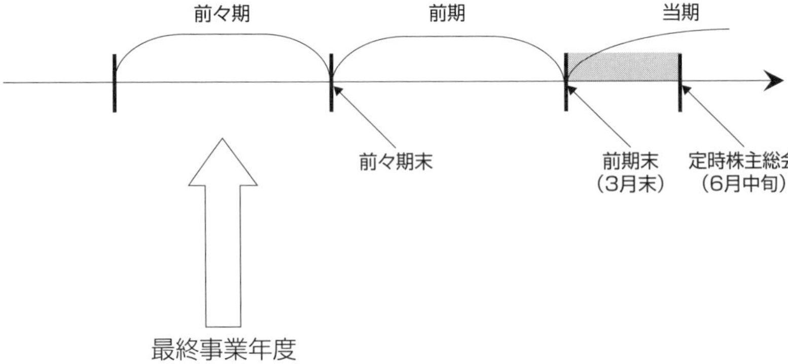

単純に「前期」または「前事業年度」ではありません。

　この定義で気をつけなければいけないケースは、3月決算会社が6月の総会前の▇▇の期間に配当する場合です (図表1-4)。その場合、最終事業年度というのは前々事業年度のことになります。これを間違えると基準日が1年も違ってしまいます。

　「最終事業年度」という用語は会社法で定義されているので確認しておきましょう。会社法2条24項によると以下のとおりです。

> 　各事業年度に係る第四百三十五条第二項に規定する計算書類につき第四百三十八条第二項の承認 (第四百三十九条前段に規定する場合にあっては、第四百三十六条第三項の承認) を受けた場合における当該各事業年度のうち最も遅いものをいう。

　読みにくい文章ですので、以下のとおり、下線部分のみを読んでみてください。

> 　各事業年度に係る第四百三十五条第二項に規定する計算書類につき第四百三十八条第二項の承認 (第四百三十九条前段に規定する場合にあっては、第四百三十六条第三項の承認) を受けた場合における当該各事業年度のうち最も遅いものをいう。

　下線部分のみを抜き出すと、以下のようになります。

> 　「計算書類につき承認を受けた事業年度のうち最も遅いもの」

　なお、会計監査人設置会社の場合は定時株主総会の承認を取締役会の承認と読み替えます。

4 条文構造

算定シートで分配可能額を計算するにあたっては、会社法の条文まで読む必要はないのですが、やはり原文を一応確認しておきたいというときもあるでしょう。

図表1-5からわかるとおり、会社法の文言はまわりくどくて、わかりにくいです。それを読みこなすには、まず条文の基本構造を知っておく必要があります。

一般に、法令の文章というのは「〜条〜項〜号」という構造で箇条書きに書かれています。

「条」というのは一番大きなくくりです。正確さを欠きますが、イメージとしては、「条」の内容をブレイクダウンしたのが「項」や「号」です。

表記上、「項」の中の第1項は番号を付さないことになっています。番号は第2項以下に算用数字で付されます。

「号」は、「条」や「項」の中で列記したい事項がある場合に使用します。列記事項なので、文章は体言止め（名詞で終わる文章）になります。こちらは漢数字で番号が付されます。「号」は必ずしも「項」の下に来るわけではなく、「条」の下にすぐ「号」が来ることもあります。その場合は「〜条〜号」のようになります。

さらに、「号」の中を細かく列記する場合は、「イ、ロ、ハ…」とします。

図表1-5の461条2項も上述のような構造になっていることが確認できます。ただし、それを踏まえて読んでも、やはり基本的には扱いにくい文章です。

例えば、461条2項2号及び5号は他の条文を参照する形で書かれているため、参照した条文をいちいち読まなければ内容を把握することが難しくなっています。461条2項2号及び5号は臨時決算を行う場合の取扱いを定めたものですが、算定シートではこれらを外しているので、スリムでわかりやすくなっています。

なお、461条2項では、「法務省令」という言葉がいくつか見られますが、法務省令は、国会が定めた法律（ここでは会社法）の範囲で、法務大臣が定めた細かなルールのことを指しています。ここでは会社計算規則のことをいっています。

図表1-5：会社法461条2項の構造

会社法
第四百六十一条

2 前項に規定する「分配可能額」とは、第一号及び第二号に掲げる額の合計額から第三号から第六号までに掲げる額の合計額を減じて得た額をいう（以下この節において同じ。）。

分配可能額＝A－B

一 剰余金の額

二 臨時計算書類につき第四百四十一条第四項の承認（同項ただし書に規定する場合にあっては、同条第三項の承認）を受けた場合における次に掲げる額

　イ 第四百四十一条第一項第二号の期間の利益の額として法務省令で定める各勘定科目に計上した額の合計額

　ロ 第四百四十一条第一項第二号の期間内に自己株式を処分した場合における当該自己株式の対価の額

｝A

三 自己株式の帳簿価額

四 最終事業年度の末日後に自己株式を処分した場合における当該自己株式の対価の額

五 第二号に規定する場合における第四百四十一条第一項第二号の期間の損失の額として法務省令で定める各勘定科目に計上した額の合計額

六 前三号に掲げるもののほか、法務省令で定める各勘定科目に計上した額の合計額

｝B

　　の部分は、本書の算定シートでは考慮していません。
該当する会社では、別途これらの条文を考慮して算定してください。

純資産の部は貸借対照表の「吹きだまり」

　分配可能額の計算は、個別貸借対照表の純資産の各項目を足したり引いたりすることが中心になります。それらを理解するためには「純資産の部の構成」を知っておかなければなりません。

　「純資産の部」とは資産と負債の差額のことです。貸借対照表上、資産性または負債性をもつものを資産の部または負債の部に記載し、それらに該当しないものを、資産から負債を引いた差額として「純資産の部」に記載します。英語では Net Assets と表示されます。

　昔は「資本の部」という名前をつけてもらっていましたが、今はその名前は剥奪され、単に差額を意味する「純（Net）」という言葉が付され「純資産」という名前で済まされてしまっています。いわば貸借対照表の吹きだまりです。

　吹きだまりである「純資産の部」には、いろいろなものが集まってきます。図表1-6のとおり、決算書は、それらを株主に帰属するものとそれ以外のものとに分類して表示しています。株主に帰属するものは「株主資本」と呼ばれます。株主資本は、「資本金」「資本剰余金」「利益剰余金」「自己株式」に区分して表示されます。そして、資本剰余金の中には「その他資本剰余金」、利益剰余金の中には「その他利益剰余金」という項目がありますが、この二つの項目こそ分配可能額の中核を構成するものです。

図表1-6:純資産の部の構造

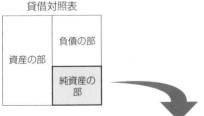

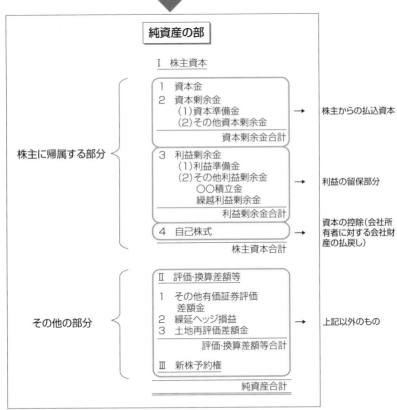

2 剰余金の額の算定（会社法446条）の入力

1 Sheet2の概要

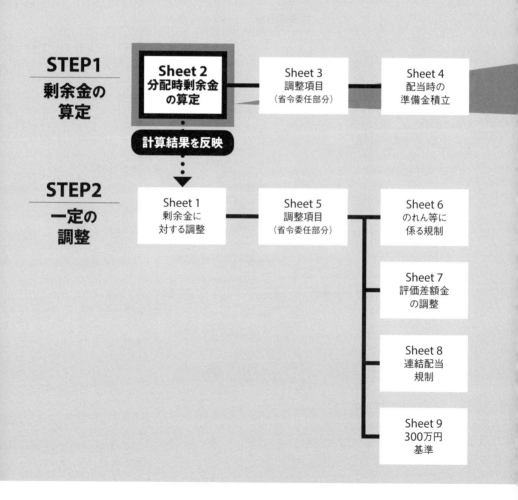

図表1-7：Sheet2イメージ

Sheet2：剰余金の額の算定（会社法446条）

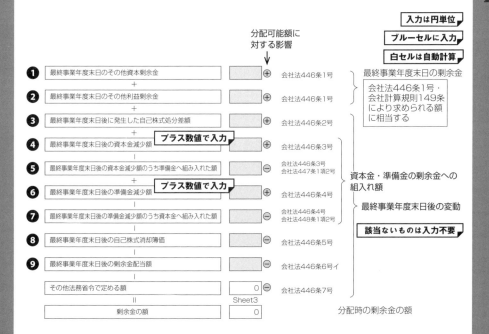

このシートの目的

最終事業年度末日の剰余金の額にその後の変動を加味し、分配時の剰余金の額を算定します。

入力時の注意

・入力する項目はブルーのセルのみです。

・該当しない項目は入力する必要はありません。

・円単位で入力します。

・「減少額」を入力する場合も、正の数値で入力します。

根拠条文

会社法446条
会社計算規則149条

2 入力項目の解説

　最終事業年度末日の剰余金の額をスタートとして、そこに分配時点までの剰余金の増減を加味して、分配時の剰余金を求めるSheetです。

　以下、入力欄について説明していきます。

❶ 最終事業年度末日のその他資本剰余金

　最終事業年度の貸借対照表に表示されている「その他資本剰余金」の数字を入力します（図表1−6参照）。

❷ 最終事業年度末日のその他利益剰余金

　最終事業年度の貸借対照表に表示されている「その他利益剰余金」の数字を入力します（図表1−6参照）。

❸ 最終事業年度末日後に発生した自己株式処分差額

　最終事業年度末日後に自己株式を処分した場合における、帳簿価額と処分価額の差額の金額を入力します。例えば帳簿価額100の自己株式を120で売却した場合、差額の20をここで入力します。

　ここは分配可能額の算定で混乱しやすいところです。Sheet1で自己株式処分対価額（上の例なら120）を入力する一方で、Sheet2では自己株式処分差額20を入力しており、結局何を計算したいのかがつかみにくいかもしれません。

　分配可能額の算定が難解である理由の一つは、まさにこれです。自己株式に関する調整が複数の条文に分かれていることです。この点については第2章で整理していきます。

❹ 最終事業年度末日後の資本金減少額

　最終事業年度末日後に資本金の額が減少した場合、その減少額を入力します。

株主資本の計数の変動に係る項目です。減少しなかった場合は入力の必要はありません（以下❺〜❼も同様）。

❺ 最終事業年度末日後の資本金減少額のうち準備金へ組み入れた額

　最終事業年度末日後に資本金の額が減少した場合、その減少額のうち準備金に組み入れられた額があればその額を入力します。株主資本の計数の変動に係る項目です。

　資本金から準備金への振替ですので、この額だけでは分配可能額の増減に影響はありません。これは上記の「❹最終事業年度末日後の資本金減少額」とセットになっており、その差額が資本金から剰余金への振替額として分配可能額にプラスされる仕組みになっています。

❻ 最終事業年度末日後の準備金減少額

　最終事業年度末日後に準備金（資本準備金及び利益準備金）の額が減少した場合、その減少額を入力します。株主資本の計数の変動に係る項目です。

❼ 最終事業年度末日後の準備金減少額のうち資本金へ組み入れた額

　最終事業年度末日後に準備金の額が減少した場合、その減少額のうち資本金に組み入れられた額があればその額を入力します。株主資本の計数の変動に係る項目です。

　準備金から資本金への振替ですので、この額だけでは分配可能額の増減に影響はありません。これは上記の「❻最終事業年度末日後の準備金減少額」とセットになっており、その差額が準備金から剰余金への振替額として分配可能額にプラスされる仕組みになっています。

❽ 最終事業年度末日後の自己株式消却簿価

　最終事業年度末日後に自己株式の消却が行われた場合に、その帳簿価額を入

力します。「自己株式の消却」とは、取得した (保有している) 自己株式を消滅させることです。

「消却」と間違いやすい用語として自己株式の「処分」というのがありますが、「消却」は自己株式の消滅を意味する言葉であり、「処分」は売却等を意味する用語ですので混同しないよう注意してください。

自己株式消却時の処理方法を仕訳で示すと、以下のようになります。

(借) その他資本剰余金　×××　　(貸) 自己株式　×××

この処理により、自己株式は貸借対照表上から消えます。

なお、上記仕訳の結果、その他資本剰余金の残高がマイナスとなった場合は、そのマイナス額をその他利益剰余金に振り替えます。

❾ 最終事業年度末日後の剰余金配当額

最終事業年度末日後に剰余金の配当が行われた場合に、その額を入力します。例えば、中間配当に係る分配可能額を算定する場合には、前事業年度に係る期末配当がそれに該当します。

3 キーワード

・その他資本剰余金

資本剰余金とは、株主の払込資本 (株主が会社に払い込んだ出資財産) に係る取引 (資本取引) から生じる剰余金です。資本剰余金は資本準備金とその他資本剰余金に分類されます。

資本準備金とは、株式の発行に際して株主が払い込んだ額のうち資本金に計上されなかった額を積み立てたものです。それ以外にも、剰余金の配当時に積み立てられるものもあります。

その他資本剰余金とは、資本剰余金のうち資本準備金以外のものです。例え

ば、資本金及び資本準備金の取崩しによって生じる剰余金や、自己株式を取得価額超の価額で処分した場合の差額です。

　資本金及び資本準備金の取崩しには会社債権者異議手続が必要とされるので、取崩しの実行によって生じたその他資本剰余金は、株主に払い戻すことについて債権者に承諾を得たものということができます。また、自己株式処分差額（プラスの場合）は、実態としては自己株式の売却益であるといえます。したがって、いずれも株主への分配原資を構成するものとなります。

図表1-8：資本剰余金

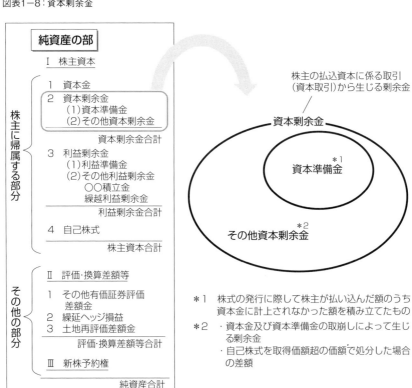

・その他利益剰余金

　利益剰余金とは、利益追求活動に係る取引 (損益取引) から生じる剰余金です。利益剰余金は利益準備金とその他利益剰余金に分類されます。

　利益準備金とは、利益剰余金のうち会社法の規定に基づき積み立てた額のことです。

　また、その他利益剰余金とは、利益剰余金のうち利益準備金以外のものです。例えば、利益剰余金のうち会社の判断に基づき積み立てた留保額 (○○積立金) や前期からの繰越利益と当期純利益の合計 (繰越利益剰余金) です。

　その他利益剰余金は、対外的な活動によって得た利益を源泉とする剰余金から、会社財産維持機能を果たす準備金を除いた残りであり、分配可能額の核となる部分です。

・(会社法上の) 剰余金

　決算書上の資本剰余金や利益剰余金には、資本準備金や利益準備金が含まれます (図表1-6参照)。ところが、会社法で剰余金といった場合は Sheet2 からわかるとおり、準備金は含まれません。この違いに注意です。

図表1-9：利益剰余金

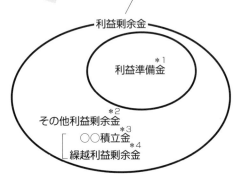

* 1 利益剰余金のうち会社法の規定に基づき積み立てた額
* 2 利益剰余金のうち利益準備金以外のもの
* 3 利益剰余金のうち会社の判断に基づき積み立てた留保額
* 4 前期からの繰越利益と当期純利益の合計

4 条文構造

　剰余金の額の求め方を定めている会社法446条の条文構造は**図表1−10**のとおりです。

　この中でわかりにくいのは446条1号です。結論からいってしまうと、1号イ〜ホにより計算される額は、最終事業年度末日の「その他資本剰余金」と「その他利益剰余金」の合計になります（**図表1−11**参照）。

　少々面倒ですが、丁寧に見ていくと理解できます。まず1号ホですが、会社計算規則149条に定めがあります。これがまた読みにくい条文で挫折してしまいそうなのですが、最終事業年度末における「その他有価証券評価差額金」「繰延ヘッジ損益」「土地再評価差額金」「新株予約権」の合計額のことを意味しています（**図表1−12**）。

　そうすると、446条1号は次の計算により求められます（**図表1−6**参照）。

　　イ　　　ロ　　　　　ハ　　　　　ニ　　　　　　　　　　　　　　　　　ホ

資産＋自己株式−（負債＋資本金＋準備金＋その他有価証券評価差額金＋繰延ヘッジ損益＋土地再評価差額金＋新株予約権）

＝その他資本剰余金＋その他利益剰余金

図表1−10:会社法446条の構造

会社法

> 第四百四十六条　株式会社の剰余金の額は、第一号から第四号までに掲げる額の合計額から第五号から第七号までに掲げる額の合計額を減じて得た額とする。

剰余金＝A－B

一　最終事業年度の末日におけるイ及びロに掲げる額の合計額からハからホまでに掲げる額の合計額を減じて得た額
　　イ　資産の額
　　ロ　自己株式の帳簿価額の合計額
　　ハ　負債の額
　　ニ　資本金及び準備金の額の合計額
　　ホ　ハ及びニに掲げるもののほか、法務省令で定める各勘定科目に計上した額の合計額
二　最終事業年度の末日後に自己株式の処分をした場合における当該自己株式の対価の額から当該自己株式の帳簿価額を控除して得た額
三　最終事業年度の末日後に資本金の額の減少をした場合における当該減少額（次条第一項第二号の額を除く。）
四　最終事業年度の末日後に準備金の額の減少をした場合における当該減少額（第四百四十八条第一項第二号の額を除く。）

⎫
⎬ A
⎭

五　最終事業年度の末日後に第百七十八条第一項の規定により自己株式の消却をした場合における当該自己株式の帳簿価額
六　最終事業年度の末日後に剰余金の配当をした場合における次に掲げる額の合計額
　　イ　第四百五十四条第一項第一号の配当財産の帳簿価額の総額（同条第四項第一号に規定する金銭分配請求権を行使した株主に割り当てた当該配当財産の帳簿価額を除く。）
　　ロ　第四百五十四条第四項第一号に規定する金銭分配請求権を行使した株主に交付した金銭の額の合計額
　　ハ　第四百五十六条に規定する基準未満株式の株主に支払った金銭の額の合計額
七　前二号に掲げるもののほか、法務省令で定める各勘定科目に計上した額の合計額

⎫
⎬ B
⎭

　　　の部分は、本書の算定シートでは考慮していません。
該当する会社では、別途これらの条文を考慮して算定してください。

30

図表1-11：会社法446条1号の構造

会社法
第四百四十六条
　一　最終事業年度の末日におけるイ及びロに掲げる額の合計額から
　　　ハからホまでに掲げる額の合計額を減じて得た額

- イ　資産の額
- ロ　自己株式の帳簿価額の合計額

- ハ　負債の額
- ニ　資本金及び準備金の額の合計額
- ホ　ハ及びニに掲げるもののほか、法務省令で定める
　　各勘定科目に計上した額の合計額

結局、その他資本剰余金とその他利益剰余金の合計になる

図表1-12：会社計算規則149条の構造

会社計算規則
第百四十九条　法第四百四十六条第一号 ホに規定する法務省令で定める各勘定科目に計上した額の合計額は、第一号に掲げる額から第二号から第四号までに掲げる額の合計額を減じて得た額とする。

- 一　法第四百四十六条第一号 イ及びロに掲げる額の合計額
　　　　　　→資産及び自己株式のこと　　　… A

- 二　法第四百四十六条第一号 ハ及びニに掲げる額の合計額
　　　　　　→負債、資本金及び準備金のこと
- 三　その他資本剰余金の額
- 四　その他利益剰余金の額　　　　　　　　　… B

A－B＝ 最終事業年度末における
｛ その他有価証券評価差額金
　繰延ヘッジ損益
　土地再評価差額金
　新株予約権 ｝の合計額

分配可能額の一番簡単な概算額計算法

　部下が算出した分配可能額をチェックする立場の人は、その額がおおよそ合っていることさえわかればそれでよいはずです。

　図表1－11に示した会社法446条1号の構造は、そのような人にぜひ見ていただきたいところです。この条文には分配可能額の算定方法を理解する上でとても大事なことが含まれています。それは分配可能額は「その他資本剰余金」と「その他利益剰余金」の合計額をベースにしている、ということです。

　分配可能額というのは、「その他資本剰余金」と「その他利益剰余金」の合計額に一定の加減算をしたものです。一定の加減算項目は、会社によって、あるいは年度によって該当するものもあればしないものもあります。算出した分配可能額がおおよそ間違っていないことを確認するだけなら、一定の加減算を無視して、「その他資本剰余金」と「その他利益剰余金」の合計額がいくらになるのかをまず計算してみるとよいです。

　この検算で注意すべきなのは、部下の算定した分配可能額が上記概算額を超えている場合です。一定の加減算は、実際にはほとんど減算なので、分配可能額が「その他資本剰余金」と「その他利益剰余金」の合計額を超えてくることはあまりないからです。上記概算額を超えている場合、チェックをより念入りにする必要があるでしょう。

第1章　分配可能額算定シート　Sheet2

3 「剰余金の額の算定」省令委任部分（会社法446条7号に規定する額）の入力

1 Sheet3の概要

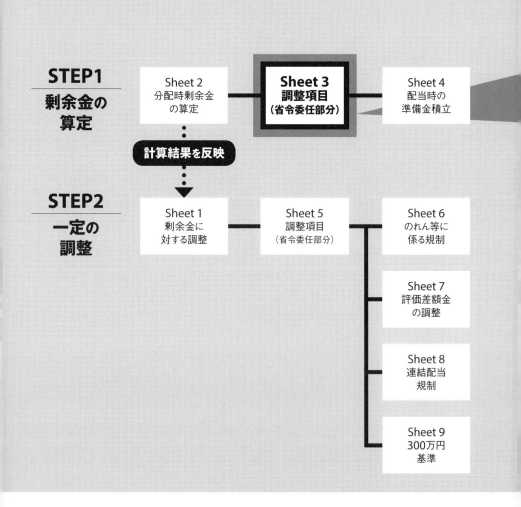

図表1−13：Sheet3イメージ

Sheet3：「剰余金の額の算定」省令委任部分（会社法446条7号に規定する額）

分配可能額に
対する影響

入力は円単位

ブルーセルに入力

白セルは自動計算

❶ 最終事業年度の末日後に剰余金から資本金または準備金に組み入れた額 ⊖ 会社計算規則150条1項1号

＋

最終事業年度の末日後に剰余金の配当をした場合における23条1号ロ及び2号ロに掲げる額 　0 ⊖ 会社計算規則150条1項2号

＝ Sheet4

会社法446条7号に規定する額 　0 この額をSheet2の剰余金の額の算定でマイナスする

35

このシートの目的

会社法446条7号に規定する法務省令で定める額を算定します。

入力時の注意

・入力する項目はブルーのセルのみです。

・該当しなければ入力する必要はありません。

・円単位で入力します。

根拠条文

会社計算規則150条1項

2 入力項目の解説

　Sheet3は、剰余金の額を求めるSheet2の中の一項目が別途定められていることに対応して設けたSheetです。ここでの計算結果がSheet2に反映されます。

　Sheet3の入力項目ではありませんが、「最終事業年度の末日後に剰余金の配当をした場合における23条1号ロ及び2号ロに掲げる額」は、「配当時の準備金積立額」というものです。Sheet4で算定された数値が自動転記されます。

・最終事業年度の末日後に剰余金から資本金または準備金に組み入れた額

　剰余金から資本金または準備金への組入れには、以下の四つの組合せがあります。

> 「その他資本剰余金」→「資本金」
> 「その他資本剰余金」→「資本準備金」
> 「その他利益剰余金」→「資本金」
> 「その他利益剰余金」→「利益準備金」

　いずれも分配可能額を減少させるものですので、総勘定元帳等を見て確認し、その額を入力します。

3 キーワード

・利益剰余金の資本組入れ

　上記四つのパターンのうちの3番目、「その他利益剰余金」→「資本金」がこれに該当します。また、これ以外にも、「利益準備金」→「資本金」が同じく利益剰余金の資本組入れです。

利益剰余金は株主資本の項目ですが、もともとは稼いだ利益を株主資本に積み上げたものです。株主が拠出した資金ではなく、その資金を使って稼いだお金です。つまり払込資本である「資本金」とは、性格が違います。その性格の違いを超えて振替が行われているという意味で、あえて「利益剰余金の資本組入れ」と、やや別扱い的に呼ばれます。

4 条文構造

　Sheet3は入力項目が少ないですが、実はここで扱った会社法446条7号の規定には、もっといろいろなことが含まれます（**図表1-14参照**）。しかし、レアケースも多く、これらを省くと理解につながることが実感できるのではないでしょうか。

図表1-14：会社計算規則150条の構造

会社計算規則

> 第百五十条　法第四百四十六条第七号に規定する法務省令で定める各勘定科目に計上した額の合計額は、第一号から第四号までに掲げる額の合計額から第五号及び第六号に掲げる額の合計額を減じて得た額とする。

**会社法446条
7号の額＝A－B**

一　最終事業年度の末日後に剰余金の額を減少して資本金の額又は準備金の額を増加した場合における当該減少額

二　最終事業年度の末日後に剰余金の配当をした場合における第二十三条第一号ロ及び第二号ロに掲げる額

三　最終事業年度の末日後に株式会社が吸収型再編受入行為に際して処分する自己株式に係る法第四百四十六条第二号に掲げる額

四　最終事業年度の末日後に株式会社が吸収分割会社又は新設分割会社となる吸収分割又は新設分割に際して剰余金の額を減少した場合における当該減少額

A

五　最終事業年度の末日後に株式会社が吸収型再編受入行為をした場合における当該吸収型再編受入行為に係る次に掲げる額の合計額

　　イ　当該吸収型再編後の当該株式会社のその他資本剰余金の額から当該吸収型再編の直前の当該株式会社のその他資本剰余金の額を減じて得た額

　　ロ　当該吸収型再編後の当該株式会社のその他利益剰余金の額から当該吸収型再編の直前の当該株式会社のその他利益剰余金の額を減じて得た額

B

六　最終事業年度の末日後に第二十一条の規定により増加したその他資本剰余金の額

　　　　の部分は、本書の算定シートでは考慮していません。
該当する会社では、別途これらの条文を考慮して算定してください。

39

株主資本の計数の変動はややこしい

　今、手元にある現金100万円を銀行に預けるとします。100万円を定期預金と普通預金に配分して預けるとします。その配分をどうするかは、その人の考え方により様々なわけですが、どのように配分したとしても、一定の手続を踏めばその配分を後日変更することができます。日々の生活費が足りなくなってきたら、定期預金を取り崩して普通預金に入れるというようにです。

　これと同じことが、会社の株主資本の項目についても当てはまります。会社法においては、株式会社は株主総会の決議等によって、株主資本の各項目の数値を振り替えることができます。この振替により剰余金が増減する場合、分配可能額も調整して算出します。

　振替のパターンについては、一定の制約があります。株主の払込資本とそれを使った成果である利益の留保部分をまたいだ振替は、基本的にはできないことになっています。会社の儲けをきちんと計算するためには、資本と利益の区別が大事だからです。これは会計基準にはっきりと書いてあります。特に、資本に関する取引から生じた資本剰余金と損益に関する取引から生じた利益剰余金を混同することは明確に禁止されています。

　ただし例外もあります。

　図表1-15の②'と③'の二つ（利益剰余金の資本組入れ）です。これは利益剰余金と資本剰余金の剰余金間の混同ではないため規制する必要はないということで、平成21年の会社計算規則改正で認められました。拘束性の弱い項目から強い項目への振替なので、会社財産を悪化させるものではなく、認めても問題ないであろうという趣旨です。

　図表1-15には載せていませんが、さらに二つ、次のような例外もあります。

例外1

自己株式処分差損をその他資本剰余金から減額する処理や自己株式を消却してその他資本剰余金から減額する処理を行ったことにより、その他資本剰余金の残高がマイナスになった場合、会計期間末にその他資本剰余金をゼロとし、マイナス残高をその他利益剰余金から減額する。

　この処理は「自己株式及び準備金の額の減少等に関する会計基準」12項が根拠になっています。会社計算規則ではこの基準を「一般に公正妥当と認められる企業会計の基準その他の企業会計の慣行」としてしん酌するのですが、どの条文が根拠になっているのかについては見解が二つあります。一つは、会社計算規則27条1項3号及び29号2項4号の組合せ。もう一つは、27条3項及び29条3項の組合せです。本書ではこれ以上深入りしませんが、該当する条文を読んでみると、いずれも解釈の余地が大きい条文で、何を指しているのかをつかむことが難しいです。

　二つ目の例外は、以下のとおりです。

例外2

年度決算時においてその他利益剰余金の残高がマイナスの場合に、その他資本剰余金でこれを補てんする。

　こちらは、「自己株式及び準備金の額の減少等に関する会計基準」61項に定められています。対応する会社計算規則は27条2項3号及び29条1項3号です。ただし、この条文も読んだだけではそれと気づかないような内容です。とにかく、やっかいとしかいいようがないです。

図表1−15：株主資本の計数の変動

No.	from（減少項目）	to（増加項目）	内　　容	会　社　法
①	資本金	資本準備金	資本金を減少し、全部または一部を資本準備金にすることができる	会社法447条1項 会社計算規則26条1項1号
②	資本準備金	資本金	準備金を減少し、全部または一部を資本金にすることができる	会社法448条1項 会社計算規則25条1項1号
②'	利益準備金	資本金	準備金を減少し、全部または一部を資本金にすることができる	会社法448条1項 会社計算規則25条1項1号
③	その他資本剰余金	資本金	剰余金を減少して、資本金を増加することができる	会社法450条1項 会社計算規則25条1項2号
③'	その他利益剰余金	資本金	剰余金を減少して、資本金を増加することができる	会社法450条1項 会社計算規則25条1項2号
④	その他資本剰余金	資本準備金	その他資本剰余金を減少して、資本準備金を増加することができる	会社法451条1項 会社計算規則26条1項2号
⑤	その他利益剰余金	利益準備金	その他利益剰余金を減少して、利益準備金を増加することができる	会社法451条1項 会社計算規則28条1項
⑥	資本金	その他資本剰余金	資本金を減少し、全部または一部をその他資本剰余金にすることができる	会社法447条1項 会社計算規則27条1項1号
⑦	資本準備金	その他資本剰余金	資本準備金を減少し、全部または一部をその他資本剰余金にすることができる	会社法448条1項 会社計算規則27条1項2号
⑧	利益準備金	その他利益剰余金	利益準備金を減少して、その他利益剰余金を増加することができる	会社法448条1項 会社計算規則29条1項1号

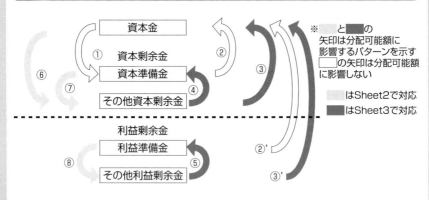

（参考）：会社計算規則

第二十七条
1　株式会社のその他資本剰余金の額は、第一款及び第四節に定めるところのほか、次の各号に掲げる場合に限り、当該各号に定める額が増加するものとする。
一　（略）
二　（略）
三　前二号に掲げるもののほか、その他資本剰余金の額を増加すべき場合　その他資本剰余金の額を増加する額として適切な額
2　株式会社のその他資本剰余金の額は、前三款及び第四節に定めるところのほか、次の各号に掲げる場合に限り、当該各号に定める額が減少するものとする。
一　（略）
二　（略）
三　前二号に掲げるもののほか、その他資本剰余金の額を減少すべき場合　その他資本剰余金の額を減少する額として適切な額
3　前項、前三款及び第四節の場合において、これらの規定により減少すべきその他資本剰余金の額の全部又は一部を減少させないこととすることが必要かつ適当であるときは、これらの規定にかかわらず、減少させないことが適当な額については、その他資本剰余金の額を減少させないことができる。

第二十九条
1　株式会社のその他利益剰余金の額は、第四節に定めるところのほか、次の各号に掲げる場合に限り、当該各号に定める額が増加するものとする。
一　（略）
二　（略）
三　前二号に掲げるもののほか、その他利益剰余金の額を増加すべき場合　その他利益剰余金の額を増加する額として適切な額
2　株式会社のその他利益剰余金の額は、次項、前三款及び第四節に定めるところのほか、次の各号に掲げる場合に限り、当該各号に定める額が減少するものとする。
一　（略）
二　（略）
三　（略）
四　前三号に掲げるもののほか、その他利益剰余金の額を減少すべき場合　その他利益剰余金の額を減少する額として適切な額
3　第二十七条第三項の規定により減少すべきその他資本剰余金の額を減少させない額がある場合には、当該減少させない額に対応する額をその他利益剰余金から減少させるものとする。

4 最終事業年度末日後に配当した場合の準備金の積立額の入力

1 Sheet4の概要

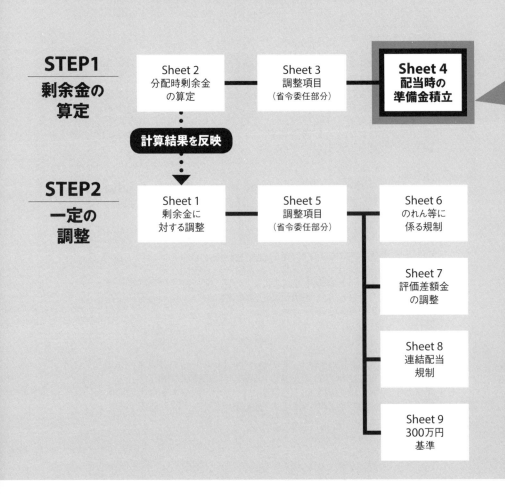

図表1-16：Sheet4イメージ

Sheet4：最終事業年度末日後に配当した場合の準備金の積立額

準備金の積立がある場合のみ入力セル（ブルーセル）に数値を入力する（下記の前提条件を参照）

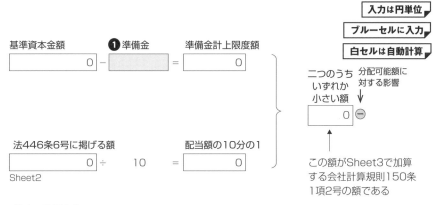

積立の前提条件

「剰余金配当日における準備金の額」＜「基準資本金額」の場合に上記の額を積み立てる

このシートの目的

剰余金の配当に伴い計上された準備金の額を算定します。

入力時の注意

・該当しない場合は入力する必要はありません。

・入力する項目はブルーのセルのみです。

・円単位で入力します。

・本シートで求める準備金の額について、実際に計上された額としてすでにわかっているのであれば、その額と一致することも確認することをおすすめします。

根拠条文

会社計算規則22条

2 入力項目の解説

　Sheet4は、最終事業年度の末日後に剰余金の配当を行った場合の準備金の積立額を計算します。一見難しそうですが、やっていることは簡単です。剰余金の配当を行った場合、配当額の10分の1を資本金の4分の1（基準資本金額）に達するまで計上するというものです。

❶ 準備金
　配当時における、資本準備金と利益準備金の合計額です。

❷ 資本金
　同じく配当時における、資本金の額です。

3 キーワード

・基準資本金額
　資本金の額に4分の1を乗じた額をいいます。会社法特有の用語であって、会計の世界ではあまり使用されていません。

> 基準資本金額＝資本金×1/4

・準備金計上限度額
　基準資本金額から準備金の額を減じた額をいいます。会社法特有の用語であって、会計の世界ではあまり使用されていません。

> 準備金計上限度額＝基準資本金額－準備金

4 条文構造

　Sheet4は Sheet3の上から二つ目の項目を求めるための Sheet です。条文構造を確認するにあたって、もう一度 Sheet3 (図表1−13) を見てください。上から二つ目の項目には、以下のように書いてあります。

> 　最終事業年度の末日後に剰余金の配当をした場合における23条1号ロ及び2号ロに掲げる額

　そこでまず、会社計算規則23条1号ロと2号ロを見ていきます (図表1−17)。

　しかし、図表1−17で1号ロと2号ロ (▩で示す箇所) を見ても具体的なことはわかりません。「具体的なことは前条 (22条) を見なさい」となっています。そこで次に22条を見てみます (図表1−18参照)。

　図表1−18には23条と22条を載せています。このうち四角で囲った部分が、具体的な内容を示す箇所です。しかし、この部分、読む気をなくしてしまいそうになるような条文です。

　次に挙げた図表1−19は図表1−18の二つの四角のうち上のほうについての解説です。さらに図表1−20も見てください。こちらは図表1−18の二つの四角のうち下のほうについての解説です。どちらの図表も、はじめに図の下のほうにある「つまり」以下を読んでから条文を読むと、わかりやすいはずです。

　そして、これら二つの額の合計が求めるべき額、すなわち配当時の準備金積立額です。この積立額は資本準備金と利益準備金についてそれぞれ求めることになっていますが、分配可能額算定上はその必要はなく、両方一緒に計算して問題ありません (図表1−21参照)。Sheet4でも資本準備金と利益準備金を特に区分せずに計算する形式になっています。

　条文上、資本準備金と利益準備金の別に積立額を計算する形になっているのは、その他資本剰余金から配当した場合は資本準備金を、その他利益剰余金か

ら配当した場合は利益準備金をそれぞれ積み立てるためです。分配可能額の算定計算では、その条文を利用しているだけであって、二つを区別する必要はないので、資本準備金と利益準備金を区別せずに計算しましょう。

図表1－17：会社計算規則23条の構造

会社計算規則
第二十三条　株式会社が剰余金の配当をする場合には、剰余金の配当後の次の各号に掲げる額は、当該剰余金の配当の直前の当該額から、当該各号に定める額を減じて得た額とする。
一　その他資本剰余金の額　次に掲げる額の合計額
　イ　法第四百四十六条第六号に掲げる額のうち、株式会社がその他資本剰余金から減ずるべき額と定めた額
　ロ　前条第一項第二号に掲げるときは、同号に定める額　◀── 会社計算規則150
二　その他利益剰余金の額　次に掲げる額の合計額　　　　　　　条1項2号の額
　イ　法第四百四十六条第六号に掲げる額のうち、株式会　　　　剰余金の配当に際
　　　社がその他利益剰余金から減ずるべき額と定めた額　　　　して積み立てるべ
　ロ　前条第二項第二号に掲げるときは、同号に定める額　◀── き準備金の額

図表1−18：会社計算規則23条と22条のつながり

会社計算規則
第二十三条　株式会社が剰余金の配当をする場合には、剰余金の配当後の次の各号に掲げる額は、当該剰余金の配当の直前の当該額から、当該各号に定める額を減じて得た額とする。
一　その他資本剰余金の額　次に掲げる額の合計額
　　イ（略）
　　ロ　前条第一項第二号に掲げるときは、同号に定める額
二　その他利益剰余金の額　次に掲げる額の合計額
　　イ（略）
　　ロ　前条第二項第二号に掲げるときは、同号に定める額

第二十二条　株式会社が剰余金の配当をする場合には、剰余金の配当後の資本準備金の額は、当該剰余金の配当の直前の資本準備金の額に、次の各号に掲げる場合の区分に応じ、当該各号に定める額を加えて得た額とする。
一　当該剰余金の配当をする日における準備金の額が当該日における基準資本金額（資本金の額に四分の一を乗じて得た額をいう。以下この条において同じ。）以上である場合　零
二　当該剰余金の配当をする日における準備金の額が当該日における基準資本金額未満である場合　イ又はロに掲げる額のうちいずれか少ない額に資本剰余金配当割合（次条第一号イに掲げる額を法第四百四十六条第六号に掲げる額で除して得た割合をいう。）を乗じて得た額
　　イ　当該剰余金の配当をする日における準備金計上限度額（基準資本金額から準備金の額を減じて得た額をいう。以下この条において同じ。）
　　ロ　法第四百四十六条第六号に掲げる額に十分の一を乗じて得た額
2　株式会社が剰余金の配当をする場合には、剰余金の配当後の利益準備金の額は、当該剰余金の配当の直前の利益準備金の額に、次の各号に掲げる場合の区分に応じ、当該各号に定める額を加えて得た額とする。
一　当該剰余金の配当をする日における準備金の額が当該日における基準資本金額以上である場合　零
二　当該剰余金の配当をする日における準備金の額が当該日における基準資本金額未満である場合　イ又はロに掲げる額のうちいずれか少ない額に利益剰余金配当割合（次条第二号イに掲げる額を法第四百四十六条第六号に掲げる額で除して得た割合をいう。）を乗じて得た額
　　イ　当該剰余金の配当をする日における準備金計上限度額
　　ロ　法第四百四十六条第六号に掲げる額に十分の一を乗じて得た額

図表1−19：会社計算規則22条1項2号の説明

会社計算規則
第二十二条第1項

二　当該剰余金の配当をする日における準備金の額が当該日における基準資本金額未満である場合イ又はロに掲げる額のうちいずれか少ない額に資本剰余金配当割合（次条第一号イに掲げる額を法第四百四十六条第六号に掲げる額で除して得た割合をいう。）を乗じて得た額	→ 資本準備金と利益準備金の合計額が、資本金の4分の1未満である場合、イとロのうち少ないほうの額に資本剰余金配当割合を乗じた額
イ　当該剰余金の配当をする日における準備金計上限度額（基準資本金額から準備金の額を減じて得た額をいう。以下この条において同じ。）	→ 資本準備金と利益準備金の合計額が、資本金の4分の1に満たない場合の当該不足額
ロ　法第四百四十六条第六号に掲げる額に十分の一を乗じて得た額	→ 剰余金の配当額の10分の1

つまり、22条1項2号の額とは
剰余金の配当額の10分の1（準備金計上限度額を上限）に
資本剰余金配当割合を乗じた額

資本剰余金配当割合　＝　$\dfrac{その他資本剰余金から配当する額}{剰余金の配当額}$

第1章　分配可能額算定シート　Sheet4

図表1－20：会社計算規則22条2項2号の説明

会社計算規則
第二十二条第2項

| 二　当該剰余金の配当をする日における準備金の額が当該日における基準資本金額未満である場合　イ又はロに掲げる額のうちいずれか少ない額に利益剰余金配当割合（次条第二号イに掲げる額を法第四百四十六条第六号に掲げる額で除して得た割合をいう。）を乗じて得た額 | → | 資本準備金と利益準備金の合計額が、資本金の4分の1未満である場合、イとロのうち少ないほうの額に利益剰余金配当割合を乗じた額 |

| イ　当該剰余金の配当をする日における準備金計上限度額 | → | 資本準備金と利益準備金の合計額が、資本金の4分の1に満たない場合の当該不足額 |

| ロ　法第四百四十六条第六号に掲げる額に十分の一を乗じて得た額 | → | 剰余金の配当額の10分の1 |

つまり、22条2項2号の額とは
剰余金の配当額の10分の1（準備金計上限度額を上限）に
利益剰余金配当割合を乗じた額

$$利益剰余金配当割合 = \frac{その他利益剰余金から配当する額}{剰余金の配当額}$$

図表1-21:求めるべき準備金の積立額

剰余金の配当額の10分の1(準備金計上限度額を上限)=A とすると
「23条1号ロ及び2号ロに掲げる額」は以下のとおり

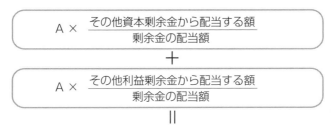

$$A \times \frac{その他資本剰余金から配当する額＋その他利益剰余金から配当する額}{剰余金の配当額}$$

$$= A \times \frac{剰余金の配当額}{剰余金の配当額}$$

$$= A$$

➡つまり、分配可能額の算定に際しては、準備金の積立額を資本準備金と利益準備金の別に把握する必要はなく、合計がわかればよい。

分配可能額は計算書類のどこかに載っているか

　ここまでで、すでに分配可能額を算定するのはかなり難しいと感じたのではないでしょうか。そうなると、この面倒な数字である分配可能額は、本当に算定する必要があるのか、本当に利用されているのかということも気になってくると思います。

　例えば、会社の開示書類のどこかに記載しなければならないのであれば、会社として利用しない場合でも算定の必要性が高いですが、その点はどうなっているのでしょうか。

　分配可能額による会社財産の分配規制は会社法上のルールですから、会社法による決算書である計算書類あたりに記載されていてもよさそうです。しかしながら、そこには記載されていません。

　計算書類に記載されている事項で比較的関係のありそうなものは、配当金に関する情報です。その決算期に係る配当予定額が決算書の注記事項として載っています。しかし、そこには、株主総会等で決議する予定の剰余金の配当案が記載されていますが、その額が分配可能額の範囲内であるかどうかは記載されません。つまり、分配可能額の開示義務はないのです。

　では、なぜ計算書類に分配可能額が書いていないのでしょうか。その理由は、分配可能額を理解する上でとても大事です。それは分配可能額が分配時基準をとっていることと関係しています。

　分配可能額は、まず期末時点の決算書（貸借対照表）をベースにして剰余金の額を算出し、次に期末日から分配時までの変動を加味して、分配時点で算定されます。したがって、分配可能額は分配時になって確定するのであって、期末時点では確定できません。

　しかし、決算書というのは基本的には期末時点（もしくは期末日から1、2か月程度までの間に起きたことを含む）の情報ですから、その時点においてまだ到来していない分配時点の情報を記載することは物理的に無理なのです。

　会計監査を受けている会社では、分配可能額が監査の対象になっているのかどうかということを考える上でも、このことが関係してきます。

第1章　分配可能額算定シート　Sheet4

5 「剰余金調整項目」省令委任部分（会社法461条2項6号に規定する額）の入力

1 Sheet5の概要

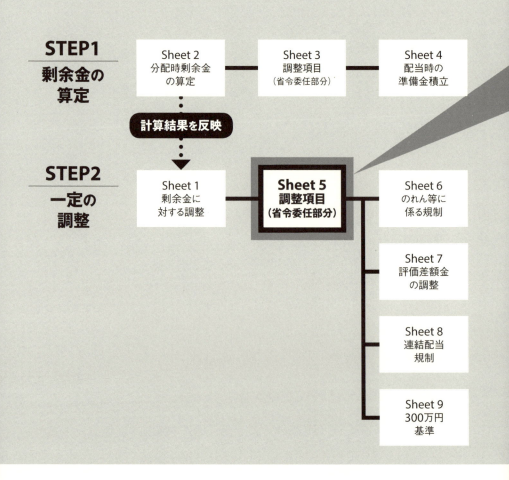

図表1-22：Sheet5イメージ

Sheet5：「剰余金調整項目」省令委任部分（会社法461条2項6号に規定する額）

分配可能額に
対する影響

入力項目なし

すべて自動計算

のれん及び繰延資産の分配規制	0 ⊖	会社計算規則158条1号
＋ Sheet6		
その他有価証券評価差額金（マイナス部分）	0 ⊖	会社計算規則158条2号
＋ Sheet7		
土地再評価差額金（マイナス部分）	0 ⊖	会社計算規則158条3号
＋ Sheet7		
連結配当規制の適用	0 ⊖	会社計算規則158条4号
＋ Sheet8		
300万円基準	3,000,000 ⊖	会社計算規則158条6号
＝ Sheet9		
会社法461条2項6号の額	3,000,000	この額をSheet1でマイナスする

このシートの目的

会社法461条2項6号に規定する法務省令で定める額の算定をします。

入力時の注意

・このシートには入力すべき項目はありません。他のシートで求めた数字を集計しているシートです。

・スタート時に3,000,000という数値が表示されていますが、これは他のSheetの入力が済めば適切な数値に更新されます。

根拠条文

会社計算規則158条

2 入力項目の解説

　Sheet5には入力項目はありません。いずれのセルも他の Sheet の入力結果が自動的に表示されます。

　Sheet5は会社計算規則158条をベースにした Sheet ですが、同条のボリュームが大きいため、その内容を複数の別の Sheet に分けて計算し、Sheet5ではそれらの Sheet の計算結果を集計しています。

3 キーワード

・「法務省令で定める○○」

　Sheet5は、Sheet1の上から四つ目のセル（「法務省令で定める額」）にある会社法461条2項6号の事項を列挙したものです。列挙した事項はすべて会社計算規則158条に記載されているものです。しかし、会社法461条2項6号の事項が会社計算規則158条に記載してあることは、簡単に探せるかというと、そういうわけでもありません。

　会社法461条2項6号には、以下のように規定されています。

　前三号に掲げるもののほか、法務省令で定める各勘定科目に計上した額の合計額

　この条文を読んでまず戸惑ってしまうのが、法務省令とは何を指しているのかということです。会社法に関する法務省令には会社法施行規則、会社計算規則、電子公告規則の三つがあります。ここでは会社の計算に関する事項を定めている会社計算規則であるとわかるものの、今度は会社計算規則の第何条に書かれているのかがわかりません。

　実際に会社計算規則158条にたどり着くことができれば、そこに規定されてい

る内容がそれとわかりますが、「目的地（法務省令）→出発地（会社法）」という捉え方になるので、方向が逆です。

　では、一体どうやって探せばよいかというと、実は簡単な方法があります。六法全書に載っているのです。六法全書は多くの種類があるので、そのすべてに載っているかどうかは定かではありませんが、例えば有斐閣のポケット六法には、各条文の後ろに参照先の省令名と条文番号が記載されています。実務的にはそうやって確認するのが簡単で確実です。

4 条文構造

　Sheet1の上から四つ目のセル「法務省令で定める額」（会社法461条2項6号に規定する額）は会社計算規則158条に定められています。会社計算規則158条はボリュームがあります。全部で10項目です。

　算定シートでは、このうち5項目だけを考慮することとしました。それでも読み解くのは至難の業です。各項目の説明はSheet6以降で述べますので、ここでは会社計算規則158条のボリューム感をつかむとともに、5項目の概要をおさえておくだけに留めてください。

図表1-23：会社計算規則158条の構造

会社計算規則

第百五十八条　法第四百六十一条第二項第六号に規定する法務省令で定める各勘定科目に計上した額の合計額は、第一号から第八号までに掲げる額の合計額から第九号及び第十号に掲げる額の合計額を減じて得た額とする。

A－B

A

項目1
のれん及び
繰延資産の
分配規制

一　最終事業年度（法第四百六十一条第二項第二号に規定する場合にあっては、法第四百四十一条第一項第二号の期間（当該期間が二以上ある場合にあっては、その末日が最も遅いもの）。以下この号、次号、第三号、第六号ハ、第八号イ及び第九号において同じ。）の末日（最終事業年度がない場合（法第四百六十一条第二項第二号に規定する場合を除く。）にあっては、成立の日。以下この号、次号、第三号、第六号ハ、第八号イ及び第九号において同じ。）におけるのれん等調整額（資産の部に計上したのれんの額を二で除して得た額及び繰延資産の部に計上した額の合計額をいう。以下この号及び第四号において同じ。）が次のイからハまでに掲げる場合に該当する場合における当該イからハまでに定める額

イ　当該のれん等調整額が資本等金額（最終事業年度の末日における資本金の額及び準備金の額の合計額をいう。以下この号のおいて同じ。）以下である場合　零

ロ　当該のれん等調整額が資本等金額及び最終事業年度の末日におけるその他資本剰余金の額の合計額以下である場合（イに掲げる場合を除く。）当該のれん等調整額から資本等金額を減じて得た額

ハ　当該のれん等調整額が資本等金額及び最終事業年度の末日におけるその他資本剰余金の額の合計額を超えている場合　次に掲げる場合の区分に応じ、次に定める額

（1）　最終事業年度の末日におけるのれんの額を二で除して得た額が資本等金額及び最終事業年度の末日におけるその他資本剰余金の額の合計額以下の場合　当該のれん等調整額から資本等金額を減じて得た額

（2）最終事業年度の末日におけるのれんの額を二で除して得た額が資本等金額及び最終事業年度の末日におけるその他資本剰余金の額の合計額を超えている場合　最終事業年度の末日におけるその他資本剰余金の額及び繰延資産の部に計上した額の合計額

二　最終事業年度の末日における貸借対照表のその他有価証券評価差額金の項目に計上した額（当該額が零以上である場合にあっては、零）を零から減じて得た額

項目2
その他有価証券評価差額金

三　最終事業年度の末日における貸借対照表の土地再評価差額金の項目に計上した額（当該額が零以上である場合にあっては、零）を零から減じて得た額

項目3
土地再評価差額金

四　株式会社が連結配当規制適用会社であるとき（第二条第三項第五十一号のある事業年度が最終事業年度である場合に限る。）は、イに掲げる額からロ及びハに掲げる額の合計額を減じて得た額（当該額が零未満である場合にあっては、零）

項目4
連結配当規制

イ　最終事業年度の末日における貸借対照表の（1）から（3）までに掲げる額の合計額から（4）に掲げる額を減じて得た額

（1）株主資本の額

（2）その他有価証券評価差額金の項目に計上した額（当該額が零以上である場合にあっては、零）

（3）土地再評価差額金の項目に計上した額（当該額が零以上である場合にあっては、零）

（4）のれん等調整額（当該のれん等調整額が資本金の額、資本剰余金の額及び利益準備金の額の合計額を超えている場合にあっては、資本金の額、資本剰余金の額及び利益準備金の額の合計額）

ロ　最終事業年度の末日後に子会社から当該株式会社の株式を取得した場合における当該株式の取得直前の当該子会社における帳簿価額のうち、当該株式会社の当該子会社に対する持分に相当する額

ハ　最終事業年度の末日における連結貸借対照表の（1）から（3）までに掲げる額の合計額から（4）に掲げる額を減じて得た額

（1）株主資本の額

（2）その他有価証券評価差額金の項目に計上した額（当該額が零以上である場合にあっては、零）

（3）土地再評価差額金の項目に計上した額（当該額が零以上である場合にあっては、零）

（4）のれん等調整額（当該のれん等調整額が資本金の額及び資本剰余金の額の合計額を超えている場合にあっては、資本金の額及び資本剰余金の額の合計額）

五　最終事業年度の末日（最終事業年度がない場合にあっては、成立の日。第七号及び第十号において同じ。）後に二以上の臨時計算書類を作成した場合における最終の臨時計算書類以外の臨時計算書類に係る法第四百六十一条第二項第二号に掲げる額（同号ロに掲げる額のうち、吸収型再編受入行為及び特定募集（次の要件のいずれにも該当する場合におけるロの募集をいう。以下この条において同じ。）に際して処分する自己株式に係るものを除く。）から同項第五号に掲げる額を減じて得た額
　　イ　最終事業年度の末日後に法第百七十三条第一項の規定により当該株式会社の株式の取得（株式の取得に際して当該株式の株主に対してロの募集により当該株式会社が払込み又は給付を受けた財産のみを交付する場合における当該株式の取得に限る。）をすること。
　　ロ　法第二編第二章第八節の規定によりイの株式（当該株式の取得と同時に当該取得した株式の内容を変更する場合にあっては、当該変更後の内容の株式）の全部又は一部を引き受ける者の募集をすること。
　　ハ　イの株式の取得に係る法第百七十一条第一項第三号の日とロの募集に係る法第百九十九条第一項第四号の期日が同一の日であること。

六　三百万円に相当する額から次に掲げる額の合計額を減じて得た額（当該額が零未満である場合にあっては、零）
　　イ　資本金の額及び準備金の額の合計額
　　ロ　新株予約権の額
　　ハ　最終事業年度の末日の貸借対照表の評価・換算差額等の各項目に計上した額（当該項目に計上した額が零未満である場合にあっては、零）の合計額

項目5
300万円
基準

七　最終事業年度の末日後株式会社が吸収型再編受入行為又は特定募集に際して処分する自己株式に係る法第四百六十一条第二項第二号ロに掲げる額
八　次に掲げる額の合計額
　　イ　最終事業年度の末日後に第二十一条の規定により増加したその他資本剰余金の額
　　ロ　最終事業年度がない株式会社が成立の日後に自己株式を処分した場合における当該自己株式の対価の額

B

九　最終事業年度の末日後に株式会社が当該株式会社の株式を取得した場合（法第百五十五条第十二号に掲げる場合以外の場合において、当該株式の取得と引換えに当該株式の株主に対して当該株式会社の株式を交付するときに限る。）における当該取得した株式の帳簿価額から次に掲げる額の合計額を減

じて得た額

イ　当該取得に際して当該取得した株式の株主に交付する当該
株式会社の株式以外の財産（社債等（自己社債及び自己新
株予約権を除く。ロにおいて同じ。）を除く。）の帳簿価額

ロ　当該取得に際して当該取得した株式の株主に交付する当
該株式会社の社債等に付すべき帳簿価額

十　最終事業年度の末日後に株式会社が吸収型再編受入行為又は
特定募集に際して処分する自己株式に係る法第四百六十一条
第二項第四号（最終事業年度がない場合あっては、第八号）
に掲げる額

　　　　　　の部分は、本書の算定シートでは考慮していません。
該当する会社では、別途これらの条文を考慮して算定してください。

分配可能額は監査対象か?

　監査法人または公認会計士による会計監査を受けている会社において、分配可能額は監査の対象なのでしょうか?

　答えは「ノー」です。

　理由は簡単です。会社法に基づく会計監査の対象書類は、計算書類及びその附属明細書です。分配可能額は、それらの書類には記載されていません。したがって、監査対象ではないのです。

　監査対象ではないにしても、サービスの一環としてチェックはしているのだろうと考えている人もいますが、基本的にはチェックもしていません。物理的にできないのです。

　3月決算会社であれば、監査報告書は5月頃に提出されます。一方で期末配当は6月の定時株主総会で決議されるので、配当の効力発生日は6月です。分配可能額は効力発生日時点で求めるので、監査報告書を提出する時点では確定していません。したがって、そのタイミングではチェックすることもできないのです。

　ただし、明らかに異常な金額が配当される予定となっている場合は、監査人も指摘するはずです。計算書類に注記される期末日後の配当に関する情報は監査対象なので、例えばその額が期末日現在の剰余金の額を明らかに超えているような場合は、本当に問題ないのか、会社に対して質問がなされるはずです。

　また、分配可能額ギリギリまで配当を実施しようとする会社の場合も、監査人は神経を使います。分配可能額は決算書の数字をベースにするので、決算書が正しいことが前提で計算されます。配当を実施した後になって、過去の決算書に間違いが見つかり、その結果、分配可能額が減額になると、違法配当になる可能性があります。分配可能額ギリギリまで配当を実施していた場合は、そのリスクが高いわけです。

　そういう会社の監査では、本来であれば「重要性なし」と判断して問題にしないようなわずかな金額のミスでも、見落とせないことになります。

　以上のように、分配可能額は監査の対象なのかという問いには様々な場合が想定されるため、一概には答えられない部分があります。

しかし、監査人がチェックしているか否かが第三者から見てわからない状態にあるというのは、あまりよいことではありません。

　例えば配当が分配可能額の範囲内であることを取締役等（本来チェックすべき人）が、「監査人がチェックしているだろう」と思い込んで何もチェックしなかったとします。そのとき、監査人も特にチェックしていなかったとしたら、違法配当になっていないかというチェックは、誰もやっていないことになってしまいます。

　「『誰かがやっているだろう』と思っていたら、誰もやっていなかった」…。日常生活ではよくあることですが、会計においては、あってはならないことです。

第1章　分配可能額算定シート　Sheet5

6 のれん及び繰延資産の分配規制（会社計算規則158条1号）の入力

1 Sheet6の概要

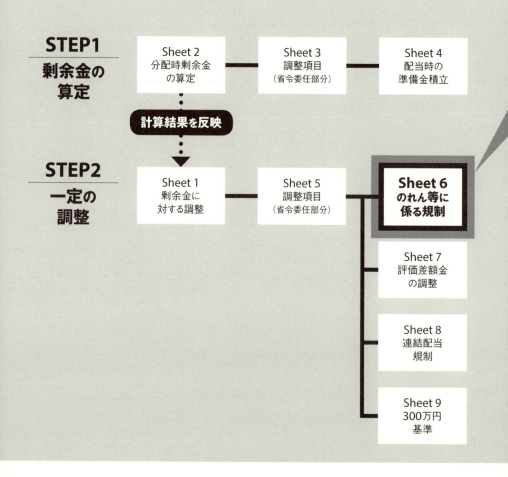

図表1−24：Sheet6イメージ

Sheet6：のれん及び繰延資産の分配規制（会社計算規則158条1号）

以下は最終事業年度末日の数字で計算する

入力は円単位
ブルーセルに入力
白セルは自動計算

❶ のれんの額
同上の2分の1 　　　　　　　0 N

❷ 繰延資産の額 　　　　　　K

0 A＝N＋K・・・・「のれん等調整額」

❸ 資本金の額
❹ 資本準備金の額
❺ 利益準備金の額

0 B ・・・・「資本等金額」

❻ その他資本剰余金の額 　　　　C

①（A−B）≦0の場合 　　　　　　0 D＝0
②0＜（A−B）≦Cの場合 　　　−　　E＝A−B
③C＜（A−B）の場合は以下のいずれか
ⅰ　N≦（B＋C）の場合 　　　−　　F＝A−B
ⅱ　N＞（B＋C）の場合 　　　−　　G＝C＋K

D〜Gの
いずれか
該当するもの

0

分配可能額に
対する影響

⊖

会社計算規則158条1号

このシートの目的

のれん及び繰延資産がある場合に、分配可能額から控除する額を算定します。

入力時の注意

・該当する場合のみ入力します。

・入力する項目はブルーのセルのみです。

・円単位で入力します。

・最終事業年度末日の数字を入力します。

根拠条文

会社計算規則158条1号

2 入力項目の解説

のれん及び繰延資産といった実体のない資産について、一定の計算により分配可能額から控除すべき額を求めるのがSheet6です。計算にあたっては、のれんや繰延資産等の額により場合分けを行い、それぞれについて控除額を求めます。

Sheet6の計算は、結局何をやりたいのかがわかりにくいですが、その点については第3章で解説することとします。

❶ のれんの額

最終事業年度の貸借対照表に表示されている「のれん」の数字を入力します。のれんは貸借対照表の無形固定資産の区分に計上されています。該当する残高がなければ入力する必要はありません。

のれんというのは、企業を買収する際の対価の価額が買収によって獲得する財産の価額を上回る場合の差額として計算されるものです。換金性がない一方で、将来の収益獲得に結びつく一面も否定できないので、会社法は分配可能額の算定において資産性を半分（2分の1）認める立場をとっています。すなわち、のれんの2分の1を分配可能額から控除することとしています。「2分の1」には特に明確な根拠はありません。

なお、のれんの2分の1を分配可能額から控除するに際しては、その他資本剰余金の額が上限となります。これは、のれんが計上される場合の相手勘定として、分配可能額を構成するその他資本剰余金が計上されるケースについて、一定の規制をしていくという趣旨です。

❷ 繰延資産の額

最終事業年度の貸借対照表に表示されている「繰延資産」の数字を入力します。繰延資産は、残高がある場合、貸借対照表の資産の部の一番下に表示されます。

71

繰延資産というのは、すでに役務の提供を受け、支払も終わっているか支払義務が確定しているにもかかわらず、適正な期間損益計算の観点から資産に計上することを認められている費用です。したがって、繰延資産の本質は費用であり、分配可能額の算定上も資産性を認めずにこれを全額分配可能額から控除することにしています。

❸ 資本金の額

　最終事業年度の貸借対照表に表示されている「資本金」の数字を入力します（図表1-6参照）。

❹ 資本準備金の額

　最終事業年度の貸借対照表に表示されている「資本準備金」の数字を入力します（図表1-6参照）。

❺ 利益準備金の額

　最終事業年度の貸借対照表に表示されている「利益準備金」の数字を入力します（図表1-6参照）。

❻ その他資本剰余金の額

　最終事業年度の貸借対照表に表示されている「その他資本剰余金」の数字を入力します（図表1-6参照）。

3 キーワード

・のれん等調整額

　のれんの額の2分の1と繰延資産の額を足したものをのれん等調整額と呼んでいます。会計の世界で一般的に使われる用語ではなく、専ら分配可能額の算定

に関して使用される用語です。

> のれん等調整額＝のれん÷2＋繰延資産

・資本等金額

　資本金、資本準備金、利益準備金の合計額のことです。これも会計の一般用語ではなく、分配可能額算定に際して使用される用語です。

> 資本等金額＝資本金＋資本準備金＋利益準備金

4 条文構造

　図表1-25のとおり、会社計算規則158条1号はのれん等調整額に係る控除額の求め方を、各ケースに分けて規定しています。まず、イ、ロ、ハに分けて、さらにハを(1)と(2)に分けています。それらは**図表1-24**のSheet6にある①〜③の各ケースに対応しています。

　Sheet6の①〜③は条文のイ〜ハを算式にして表現したものですが、捉え方が条文とは少し違っています。

　条文のほうでは、主語が「のれん等調整額」になっており、「のれん等調整額が○○以下である」、または「のれん等調整額が○○を超えている」という書き方をしています。一方、Sheet6の①〜③では、「のれん等調整額−資本等金額」がどのような値になるかという捉え方をしています。内容的にはどちらも同じです。

図表1−25：会社計算規則158条1号の構造

会社計算規則
第百五十八条

一 最終事業年度（法第四百六十一条第二項第二号に規定する場合にあっては、法第四百四十一条第一項第二号の期間（当該期間が二以上ある場合にあっては、その末日が最も遅いもの）。以下この号、次号、第三号、第六号ハ、第八号イ及び第九号において同じ。）の末日（最終事業年度がない場合（法第四百六十一条第二項第二号に規定する場合を除く。）にあっては、成立の日。以下この号、次号、第三号、第六号ハ、第八号イ及び第九号において同じ。）におけるのれん等調整額（資産の部に計上したのれんの額を二で除して得た額及び繰延資産の部に計上した額の合計をいう。以下この号及び第四号において同じ。）が次のイからハまでに掲げる場合に該当する場合における当該イからハまでに定める額

　　　　　だけ読んで全体の意味をつかむ

　　イ 当該のれん等調整額が資本等金額（最終事業年度の末日における資本金の額及び準備金の額の合計額をいう。以下この号において同じ。）以下である場合 零

　　　Sheet6
　　　①のパターン

　　ロ 当該のれん等調整額が資本等金額及び最終事業年度の末日におけるその他資本剰余金の額の合計額以下である場合（イに掲げる場合を除く。）当該のれん等調整額から資本等金額を減じて得た額

　　　Sheet6
　　　②のパターン

　　ハ 当該のれん等調整額が資本等金額及び最終事業年度の末日におけるその他資本剰余金の額の合計額を超えている場合　次に掲げる場合の区分に応じ、次に定める額

　　　Sheet6
　　　③のパターン

　（1）最終事業年度の末日におけるのれんの額を二で除して得た額が資本等金額及び最終事業年度の末日におけるその他資本剰余金の額の合計額以下の場合　当該のれん等調整額から資本等金額を減じて得た額

　　　Sheet6
　　　③のⅰの
　　　パターン

　（2）最終事業年度の末日におけるのれんの額を二で除して得た額が資本等金額及び最終事業年度の末日におけるその他資本剰余金の額の合計額を超えている場合　最終事業年度の末日におけるその他資本剰余金の額及び繰延資産の部に計上した額の合計額

　　　Sheet6
　　　③のⅱの
　　　パターン

のれんの額がそこまで巨額な会社があるか

　Sheet6はのれん等が多額に計上されている会社の場合に、分配可能額をそれに応じて制限するという趣旨に基づく計算です。しかし、改めてSheet6を見てみると、これはのれんの額が相当大きいケースだということに気づきます。

　Sheet6のとおり「のれん等調整額－資本等金額」がゼロ以下の場合は分配可能額からの控除額はゼロなので、少なくとも「のれん等調整額－資本等金額」がゼロより大きい会社が対象というわけです。つまり、のれん等調整額が資本等金額より大きいということです。

　のれん等調整額はのれんの2分の1と繰延資産の合計ですから、貸借対照表に計上されているのれんの残高は相当に大きいことが予想されます。イメージとしては、資産のうちほとんどがのれんで、それとつりあう負債と純資産については、負債の占める比率が高いというような貸借対照表です。分配可能額の世界にどっぷり浸かっていると、この異常さに気づかないのですが、何事も少し離れたところから常識で考えることが大切です。

　しかしながら、会社法でわざわざこんな定めを置いた以上、そのような会社もまれにあるのだろうと思い、調べてみると、見つかりました。誰でも知っているような会社です。

7 評価差額金のマイナス部分の控除 （会社計算規則158条2号及び3号）の入力

1 Sheet7の概要

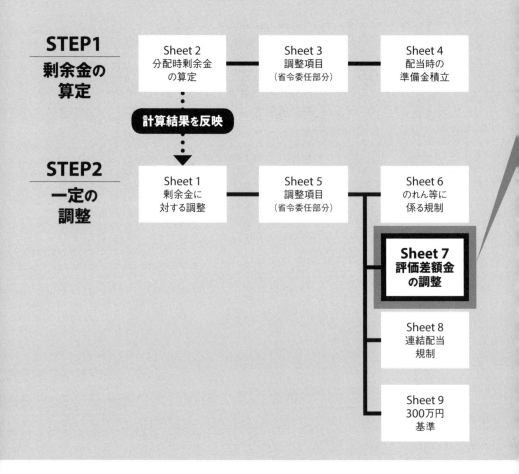

図表1-26：Sheet7イメージ

Sheet7：評価差額金のマイナス部分の控除（会社計算規則158条2号及び3号）

このシートの目的

その他有価証券評価差額金と土地再評価差額金について、評価損となっている場合に、分配可能額からそれを減額します。

入力時の注意

・ブルーのセルのうち該当する項目のみ入力します。

・円単位で入力します。

・貸借対照表上において、評価差額金の額に△がついている場合、△を取った数字のみを入力します。

・評価差額金の数値がプラス数値（貸方残）である場合は、0と入力しても、何も入力しなくても、いずれでも問題ありません。

・最終事業年度末日の数字を入力します。

根拠条文

会社計算規則158条2号及び3号

2 入力項目の解説

　評価差額金というのは、保有しているその他有価証券や土地の評価損益(保有資産の購入時の価額と時価の差額)です。この評価損益は損益計算書で損益として計上されずに、貸借対照表に含み損益として計上されています。したがって剰余金の額に含まれていませんが、この評価損益が実現した場合、損益計算書を経由して貸借対照表の剰余金の額が増減します。分配可能額の算定上、このことを考慮しようというのが Sheet7 の趣旨です。

　すなわち、評価損益が将来実現することを、分配可能額に織り込んでいこうというものですが、評価損・評価益いずれの場合も考慮するというわけではありま

図表1-27：評価差額金(評価益)と分配可能額の関係

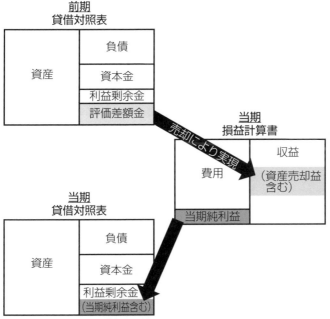

資産の売却により、評価差額金に計上されていた評価益が利益剰余金に振り替わる
➡分配可能額が増加する

せん。評価損が発生している場合のみ分配可能額から控除し、評価益が発生している場合は特に何も考慮しません。これは、実現可能性が不確実な評価損益のうち、会社財産の減額につながる評価損のほうだけを分配可能額に織り込もうという保守主義の考え方をとったことによります。

❶ その他有価証券評価差額金の科目に計上した額（当該額がゼロ以上である場合にあっては、ゼロ）をゼロから減じて得た額

最終事業年度の貸借対照表に表示されている「その他有価証券評価差額金」の数字がマイナス値の場合に、マイナスの符号をとった数字（絶対値）を入力します。「その他有価証券評価差額金」の数字がプラスの場合は、ゼロと入力しても特に入力しなくても、いずれでもよいです。

❷ 土地再評価差額金の科目に計上した額（当該額がゼロ以上である場合にあっては、ゼロ）をゼロから減じて得た額

最終事業年度の貸借対照表に表示されている「土地再評価差額金」の数字がマイナス値の場合に、マイナスの符号をとった数字（絶対値）を入力します。「土地再評価差額金」の数字がプラスの場合は、ゼロと入力しても特に入力しなくても、いずれでも問題ありません。

3 キーワード

・土地再評価差額金

土地再評価差額金とは、企業の資本増強を目的として平成10年3月に施行された「土地の再評価に関する法律」（土地再評価法）に基づき、事業用土地についてなされた時価評価の結果、貸借対照表に計上されたものです。この処理は大会社等の一定の会社のみに認められました。

土地再評価法は時限立法で、再評価は、施行日から4年間のうちのいずれか

一決算期においてしか認められていません。この手続により計上された評価損益は、貸借対照表に直接計上され、損益には計上されていません。土地再評価差額金の額は、評価損益の額から税効果相当分（評価益なら繰延税金負債、評価損なら繰延税金資産に計上）を除いた額になります。

4 条文構造

会社計算規則において、「マイナス値の項目について、マイナス符号を取った数字のみを指し示したい」というときに、**図表1-28**の条文にあるような表現がしばしば使われます。面喰らってしまうような表現ですが、慣れてしまえば、「またこのパターンか」と思わされながらも戸惑わなくなるでしょう。

図表1-28：会社計算規則158条2号及び3号の構造

会社計算規則第百五十八条

> 二 最終事業年度の末日における貸借対照表のその他有価証券評価差額金の項目に計上した額（当該額が零以上である場合にあっては、零）を零から減じて得た額
> 三 最終事業年度の末日における貸借対照表の土地再評価差額金の項目に計上した額（当該額が零以上である場合にあっては、零）を零から減じて得た額

つまり

その他有価証券評価差額金と土地再評価差額金について

・残高がゼロ以上である場合にあっては、ゼロ

・残高がマイナスである場合は、その絶対値

マイナスの金額（例えば、−10）をゼロから引くと
0−(−10)＝0＋10＝10

巨額ののれんとMBOの深い関係

その会社とは、ファミリーレストランで知られるすかいらーくです。

すかいらーくの2014年12月期の個別財務諸表から、主な数字を以下に抜き出してみます。

のれん　125,571百万円

総資産　278,270百万円

負債　210,817百万円

純資産　67,453百万円

総資産の半分近くがのれんです。また、負債が大きく、純資産の比率が小さいです。純資産の中身も見てみます。分配可能額の算定に関係のある数字を以下に示します。

資本金　2,478百万円

資本準備金　2,403百万円

その他資本剰余金　67,121百万円

利益準備金　なし

その他利益剰余金　△4,289百万円

以上の数字から、実際に分配可能額を算定してみます。上記以外の条件については無視します。

まず、剰余金の額を求めます。

その他資本剰余金＋その他利益剰余金＝62,832百万円　剰余金

67,121百万円　△4,289百万円

次に、のれん等に関する分配規制額（Sheet6で求めた分配可能額からの控除額と同意）を求めます。

のれん等調整額＝のれん÷2＝62,786百万円

資本等金額＝資本金＋資本準備金＝4,881百万円

のれん等調整額－資本等金額＝57,905百万円

したがって、以下のパターンとなります。

0＜（のれん等調整額－資本等金額）≦その他資本剰余金

このパターンの場合、上記の57,905百万円がのれん等に関する分配規制額になります。これを剰余金から控除します。

分配可能額＝剰余金－のれん等規制額＝4,927百万円

これが概算による分配可能額です。

期末日現在の剰余金の額が62,832百万円あるにもかかわらず、分配可能額はその一割にも満たないというわけです。のれん等に関する分配規制の効果がきわめて強く表れた例といえます。

ただし、こうした巨額ののれんが発生している会社というのは珍しいです。すかいらーくの場合は、過去に行われた非上場化のスキームの中で発生しました。MBO（マネジメント・バイアウト）といって、経営者等が株式を買い占めて、上場会社を非上場化するものです。

MBOでは、まず、経営者等が買収のための会社を設立し、ファンドや銀行から資金調達をして買収対象会社の株式を買い占めます。そして、買占めが成功したら、買収した会社を吸収合併します。そうすると、買収価額が受入財産額を上回った分がのれんに計上されます。すかいらーくのケースも、こうした特殊な要因により発生したのれんです。

MBOにより会社の株式の買占めを行う場合、買取価格は、その株式の直近の一定期間の市場価格に、十分なプレミアムを乗せた価格となっていることがほとんどです。そう

でなければ買占めに失敗してしまうかもしれないからです。その結果、買取総額が会社の純資産価額を相当程度上回ることも多く、それが多額ののれんとして計上されるのです。

　以上は個別財務諸表での話でしたが、連結財務諸表では、のれんという科目は比較的よく目にする科目です。既存の会社の株式を取得して子会社化すれば、合併しなくても、連結ベースでは大なり小なりのれんが発生します。

　その場合ののれんは、「個別財務諸表では計上されないけれど、連結財務諸表では計上される」という性質ののれんです。したがって、連結財務諸表ではこの種ののれんがよく発生するのです。

　分配可能額の算定では、のれんに関する規制というのは個別ベースののれんに関する話ですが、連結ベースののれんが分配規制に関係してくることもあります。それは次に述べる連結配当規制においてです。

第1章　分配可能額算定シート　Sheet7

8 連結配当規制（会社計算規則158条4号）の入力

1 Sheet8の概要

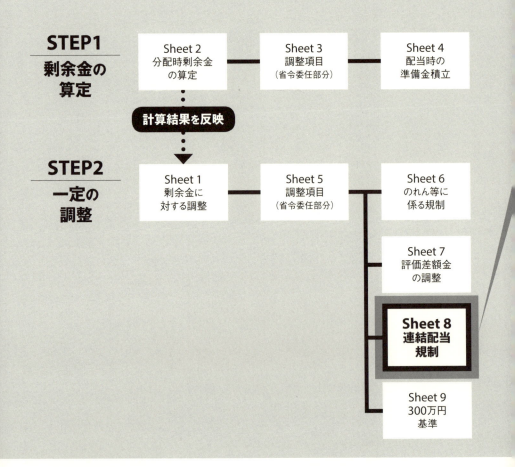

図表1-29：Sheet8イメージ

Sheet8：連結配当規制（会社計算規則158条4号）

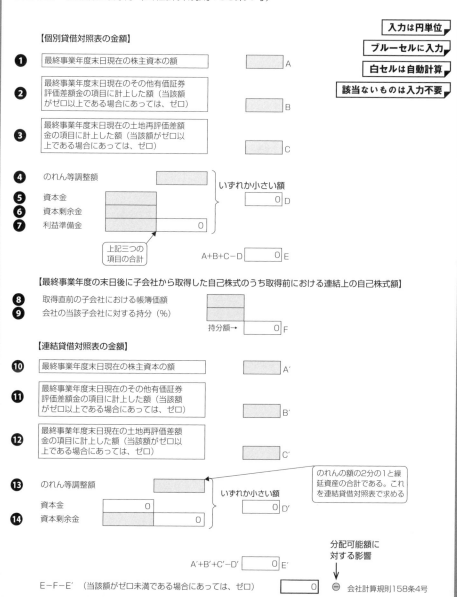

このシートの目的

連結計算書類を作成している会社で連結配当規制を適用する場合に、当該規制による控除額を算定します。

入力時の注意

・連結配当規制を採用していない会社はこのシートに何も入力しないでください。

・入力する場合は、ブルーのセルのみ入力します。

・円単位で入力します。

根拠条文

会社計算規則158条4号

2 入力項目の解説

　Sheet8の趣旨は、連結と個別で剰余金の額を比べ、連結のほうが少ない場合は連結子会社等に財政状態の悪化している会社があるとみなし、親会社ではそのことを考慮して分配規制することも認めるということです。いいかえれば、これは親会社が保有している子会社株式に生じている評価損を、分配可能額算定に際して取り込むということです。

❶〜❼ 個別貸借対照表の金額

　最終事業年度の貸借対照表に計上されている「株主資本の額」（❶）、「その他有価証券評価差額金」（❷）、「土地再評価差額金」（❸）、「資本金」（❺）、「資本剰余金」（❻）、「利益準備金」（❼）、の額に加え、Sheet6で計算した「のれん等調整額」（❹）、を入力します。

　「その他有価証券評価差額金」「土地再評価差額金」については、プラスの場合は「ゼロ」を入力し、マイナスの場合はマイナス記号を付けたまま入力します。Sheet7ではマイナスの場合に絶対値を入力しましたが、ここではそうしない点に注意してください。

❽ ❾ 最終事業年度の末日後に子会社から取得した自己株式のうち取得前における連結上の自己株式額

　最終事業年度の末日後に、子会社が保有している親会社株式（親会社にとっては自己株式）を親会社が取得した場合の調整項目です。その取得直前の子会社における簿価と親会社の持分比率を入力します。子会社では自己株式ではなく親会社株式の勘定に計上されていることに注意しましょう。

　最終事業年度の決算書において、この金額は親会社の個別貸借対照表には計上されていない一方、連結貸借対照表上は自己株式に計上されているため、その差を考慮したものです。

最終事業年度の末日後に親会社が子会社から自己株式を取得すると、取得した自己株式はSheet1の「自己株式の帳簿価額」に含まれ、分配可能額から控除されるため、それとの二重控除を避けるための措置です。

❿〜⓮ 連結貸借対照表の金額

　最終事業年度の連結貸借対照表に計上されている「株主資本の額」(❿)、「その他有価証券評価差額金」(⓫)、「土地再評価差額金」(⓬)、「資本剰余金」(⓮) の額を入力します。「のれん等調整額」(⓭) は、連結貸借対照表によりのれんの額の二分の一と繰延資産を合計して求めた数字を入力します。

3 キーワード

・連結配当規制適用会社

　会社法では、分配可能額を連結ベースで考えることも認めています。連結配当規制適用会社とは、Sheet8の計算を分配可能額の算定に際して適用する会社のことで、適用するかどうかは会社の意思で任意に選択できます。

　選択する場合は、連結計算書類を作成していることと計算書類の個別注記表に連結配当規制適用会社である旨の記載がなされていることが前提条件になります。

　連結配当規制適用会社となるには、所定の注記を計算書類の個別注記表に記載します (連結注記表には記載を要しない)。

　「当社は、連結配当規制の適用会社であります。」

　この注記を記載した計算書類について株主総会の承認 (計算書類が株主総会の報告事項となる会社は取締役会の承認) により計算書類が確定すれば、そのときから次の事業年度の計算書類が確定するまでの間、連結配当規制適用会社となります。

　なお、子会社がいくら儲かっていても親会社に分配可能額がなければ分配はできません。連結配当規制の趣旨は、子会社の損失を取り込むことであって、

子会社の利益を取り込むことではないのです。もし、子会社の利益をどうしても親会社の分配可能額に上積みしたい場合は、親会社が持っている当該子会社株式をグループ内の別の子会社に売却して、含み益を実現させるという方法が考えられます。もちろん、これは連結配当規制の適用の話とは別次元の話です。

・連結上の自己株式

連結貸借対照表上において自己株式に計上されるものは、親会社（連結財務諸表作成会社）が保有している自己株式だけではありません。親会社が自ら保有している場合はもちろん、連結子会社や持分法適用会社（連結に準ずる方法で連結財務諸表に取り込まれる会社）が保有している親会社株式も含まれます。

連結子会社が保有している親会社株式については、その連結子会社が100%子会社であれば、連結上、全額が自己株式です。連結子会社に非支配株主（親会社以外の株主）がいる場合、すなわち100%子会社ではない場合、親会社持分に相当する金額だけが連結上の自己株式となります。残りは非支配株主持分に振り替えられます。

持分法適用会社の場合も連結子会社と同様、親会社（投資会社）持分相当額を自己株式とします。

親会社が上場会社であれば、連結子会社及び持分法適用会社が所有する親会社株式は個別財務諸表では時価評価されていますが、連結上はこれを取得原価ベースに戻した上で自己株式に計上します。

なお、子会社が自分の会社の株式を所有している場合は、子会社の個別貸借対照表上は自己株式ですが、連結上は自己株式にはなりません。

4 条文構造

図表1-30のとおり、会社計算規則158条4号はかなり複雑な構造です。表中のハの部分が連結貸借対照表に関する項目であることに注意してください。

図表1-30：会社計算規則158条4号の構造

会社計算規則
第百五十八条

四　株式会社が連結配当規制適用会社であるとき（第二条第三項第五十一号のある事業年度が最終事業年度である場合に限る。）は、イに掲げる額から口及びハに掲げる額の合計額を減じて得た額（当該額が零未満である場合にあっては、零） ｝ イー（口＋ハ）

イ　最終事業年度の末日における貸借対照表の（1）から（3）までに掲げる額の合計額から（4）に掲げる額を減じて得た額

（1）株主資本の額
（2）その他有価証券評価差額金の項目に計上した額（当該額が零以上である場合にあっては、零）
（3）土地再評価差額金の項目に計上した額（当該額が零以上である場合にあっては、零）
　　　　　　　　　　　　　　　　　　　　　　　　　　　A ｝ イ＝A－B

（4）のれん等調整額（当該のれん等調整額が資本金の額、資本剰余金の額及び利益準備金の額の合計額を超えている場合にあっては、資本金の額、資本剰余金の額及び利益準備金の額の合計額）　B

口　最終事業年度の末日後に子会社から当該株式会社の株式を取得した場合における当該株式の取得直前の当該子会社における帳簿価額のうち、当該株式会社の当該子会社に対する持分に相当する額　口

ハ　最終事業年度の末日における連結貸借対照表の（1）から（3）までに掲げる額の合計額から（4）に掲げる額を減じて得た額

（1）株主資本の額
（2）その他有価証券評価差額金の項目に計上した額（当該額が零以上である場合にあっては、零）
（3）土地再評価差額金の項目に計上した額（当該額が零以上である場合にあっては、零）
　　　　　　　　　　　　　　　　　　　　　　　　　　　C ｝ ハ＝C－D

（4）のれん等調整額（当該のれん等調整額が資本金の額及び資本剰余金の額の合計額を超えている場合にあっては、資本金の額及び資本剰余金の額の合計額）　D

純資産の部～連結と個別の違い

貸借対照表の純資産の部は、連結と個別で少し違います。分配可能額の算定作業では基本的に個別の貸借対照表しか使用しませんが、連結配当規制適用会社の場合は、連結貸借対照表の数字を一部使用して計算します。そこで参考までに、純資産の部が連結と個別でどう違うのかを見ていきます。

下の図表1－31で①②③と示したとおり、両者の違いは三つあります。

第一は資本剰余金と利益剰余金の内訳表示の有無です。連結ではそれらの内訳は表示されませんが、個別では表示されます。連結は個別よりも高い視点から会社の数字を見ることを前提にしているので、細かい情報はまとめてしまう傾向があります。

第二は科目名称の違いです。含み損益を計上する区分について、連結では「その他の包括利益累計額」と表記する一方、個別では「評価・換算差額等」と表記します。

図表1－31：連結と個別の純資産の部の表示の比較

連結

純資産の部	
株主資本	253,140
資本金	90,000
資本剰余金	83,144
利益剰余金	86,951
自己株式	△6,955
その他の包括利益累計額	9,676
その他有価証券評価差額金	1,368
為替換算調整勘定	8,137
退職給付に係る調整累計額	171
非支配株主持分	4,321
純資産合計	267,137

個別

純資産の部	
株主資本	228,563
資本金	90,000
資本剰余金	83,144
資本準備金	83,144
利益剰余金	62,374
利益準備金	2,944
その他利益剰余金	59,430
別途積立金	13,837
繰越利益剰余金	45,593
自己株式	△6,955
評価・換算差額等	1,368
その他有価証券評価差額金	1,368
純資産合計	229,931

① 個別では内訳が表示されている
② 科目名が異なる
③ 連結特有の勘定科目がある

これは連結のほうのみが国際的な会計基準の考え方を取り込んでいることから生じる違いです。

　そして第三は連結特有の科目の存在です。連結手続の中で発生する勘定科目等が連結のみで計上されます。為替換算調整勘定は、海外子会社を連結する際に、外貨で表示されているその財務諸表を円貨に換算する手続等から発生します。また、非支配株主持分とは、会社を支配している株主（すなわち親会社）以外の株主に帰属する投資持分のことで、議決権比率が100％未満の連結子会社がある場合に発生します。さらに、退職給付会計において、連結と個別で異なる会計処理を採用するとされていることから、退職給付に係る調整累計額という科目が連結でのみ計上されます。

　以上が、連結と個別の純資産の部の違いです。連結配当規制控除額の計算では、のれん等調整額を計算する際に連結と個別で利益準備金の扱いが異なっていますが、これは図表1-31の①を考慮したものと考えられます。

第1章　分配可能額算定シート　Sheet8

9 300万円基準（会社計算規則158条6号）の入力

1 Sheet9の概要

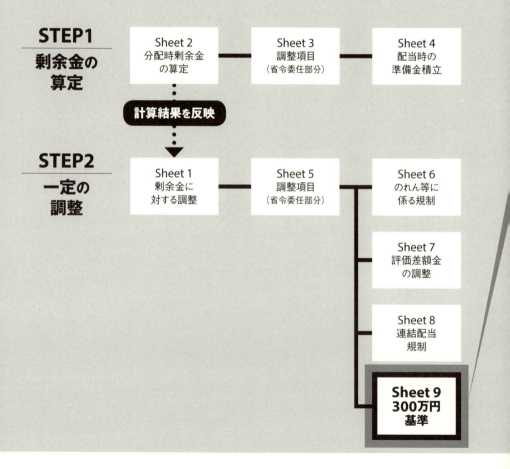

図表1-32：Sheet9イメージ

Sheet9：300万円基準（会社計算規則158条6号）

入力は円単位

ブルーセルに入力

白セルは自動計算

本算定シートの構造上、該当しない会社でも必ず下記入力セルに数値を入れてください
入れ忘れると、シート構造の関係で、分配可能額に300万円の差異が出ます

分配可能額に
対する影響

3,000,000 － ［　　　0］ → ［3,000,000］ ⊖ 会社計算規則158条6号

計算の結果が
負なら0とする

❶　　資本金　　　　　　　　　　　　［　　　　　］
　　　　＋　　　　　　　　　　　　　　　　＋
❷　　準備金　　　　　　　　　　　　［　　　　　］
　　　　＋　　　　　　　　　　　　　　　　＋
❸　新株予約権の額　　　　　　　　　［　　　　　］
　　　　＋　　　　　　　　　　　　　　　　＋
❹　最終事業年度の末日の貸借対照表の
　　評価・換算差額等の各項目に計上し
　　た額（当該項目に計上した額がゼロ
　　未満である場合にあっては、ゼロ）
　　の合計額　　　　　　　　　　　　［　　　　　］

第1章　分配可能額算定シート　Sheet9

このシートの目的

300万円基準に係る分配規制の額を算定します。

入力時の注意

・本シートの構造上、すべての会社でこのシートに入力する必要があります（300万
　円基準対象会社でなくても必ず入力してください）。

・ブルーのセルのみ入力します。

・円単位で入力します。

・「資本金」「準備金」「新株予約権の額」は、分配時の金額を入力します。

根拠条文

会社計算規則158条6号

2 入力項目の解説

会社法では資本金0円から会社を設立できるので、債権者保護のため、配当等によって純資産が300万円未満にならないように規制する趣旨です。計算方法は資本金等の合計額を求めて、それを300万円から引き、差が出ればその額を分配規制するという手順です。

❶ 資本金

最終事業年度の末日の額ではなく、分配時の「資本金」の数字を入力します（図表1-6参照）。

❷ 準備金

最終事業年度の末日の額ではなく、分配時の「資本準備金」と「利益準備金」の合計の数字を入力します（図表1-6参照）。

❸ 新株予約権の額

最終事業年度の末日の額ではなく、分配時の「新株予約権」の数字を入力します（図表1-6参照）。新株予約権とは、会社に対して新株の交付を求めることができる権利で、この権利が行使されると、会社は新株を発行するか自己株式を交付します。

❹ 最終事業年度の末日の貸借対照表の評価・換算差額等の各項目に計上した額（当該項目に計上した額がゼロ未満である場合にあっては、ゼロ）の合計額

最終事業年度の貸借対照表に表示されている「評価・換算差額等」の中に数字がプラス（評価差益）の科目があればその額を入力します（図表1-6参照）。

マイナス（評価差損）の場合は、Sheet7で考慮されているので、ここではプラスの場合だけを織り込みます。

3 キーワード

・300万円

　会社法制定前は、資本金の最低金額は株式会社が1,000万円、有限会社が300万円でした。会社法では、この最低資本金規制が撤廃されました。かわって、債権者保護の措置として分配可能額に関する「資本金等合計と300万円の差を剰余金から控除するという規則」が定められています。

　その意味するところを、ケース別シミュレーションで確認しておきましょう。

図表1－33：ケース別シミュレーション

Sheet9の基本式	3,000,000円－資本金＝控除額

純資産が300万円未満のケース

資本金	2,000,000
剰余金	800,000
純資産	2,800,000

上記式により、
3,000,000－2,000,000＝1,000,000円が剰余金からの控除額となります。
しかし、剰余金は800,000円しかないので、800,000円－1,000,000円＝－200,000円と、分配可能額はマイナスとなり、分配はできません。
➡純資産が300万円未満の場合は分配ができません。

純資産が300万円超のケース

資本金	2,000,000
剰余金	1,500,000
純資産	3,500,000

上記式により、
3,000,000－2,000,000＝1,000,000円が剰余金からの控除額となります。
剰余金は1,500,000円なので、分配可能額は1,500,000円－1,000,000円＝500,000円です。純資産が300万円超あっても剰余金を全額は分配できないことに注意です。
➡分配の結果として純資産が300万円未満になることを防止しています。

剰余金がマイナスのケース

資本金	5,000,000
剰余金	－3,000,000
純資産	2,000,000

上記式により、
3,000,000－5,000,000＝－2,000,000円となり、計算結果がマイナスなので、剰余金から控除すべき額は0です。しかし剰余金がそもそもマイナスなので分配可能額はマイナスです。
➡資本金が300万円以上ならば上記規制の対象外になります。

なお、**図表1−33**で挙げたような分配可能額がマイナスとなるケースがあります が、会社法では分配可能額がマイナスとなる状態を「欠損」といいます。

　会社法では資本金の取崩には株主総会の特別決議を要しますが、資本金を 欠損填補に充てる場合は普通決議でよいことになっています。

　また、参考までに述べておきますが、純資産に繰延ヘッジ損益（リスクヘッジ目 的で保有する金融商品に係る評価損益を将来に繰り延べたもの）が計上されていて、それ がマイナス値の場合は、300万円基準にしたがって分配しても、分配後の純資 産額が300万円を下回るケースが想定されます。

図表1−34：繰延ヘッジ損益がある場合のシミュレーション

繰延ヘッジ損益が負数のケース

資本金	2,000,000
剰余金	1,500,000
繰延ヘッジ損益	△ 100,000
純資産	3,400,000

300万円基準による控除額は 3,000,000−2,000,000＝1,000,000 円となります。 剰余金は1,500,000円なので、分配可能額 は1,500,000−1,000,000＝500,000 円です。

資本金	2,000,000
剰余金	1,000,000
繰延ヘッジ損益	△ 100,000
純資産	2,900,000

上記の計算結果に基づいて500,000円を 分配（配当）すると分配後の純資産は左のよ うになります。

➡300万円基準による控除額を考慮したうえ で分配したにもかかわらず、分配の結果、純 資産が300万円未満になっています。

4 条文構造

図表1-35:会社計算規則158条6号の構造

会社計算規則
第百五十八条

 六 三百万円に相当する額から次に掲げる額の合計額を減じて得た額(当該額が零未満である場合にっては、零)

  イ 資本金の額及び準備金の額の合計額
  ロ 新株予約権の額
  ハ 最終事業年度の末日の貸借対照表の評価・換算差額等の各項目に計上した額(当該項目に計上した額が零未満である場合にあっては、零)の合計額

つまり

会社計算規則158条6号の額
=3,000,000-(イ+ロ+ハ)

ただし、この額がマイナスの場合はゼロとする

配当予想にも影響する分配可能額

すかいらーくが、その後実際にどのように配当を実施したか見ていきましょう。

前述したとおり、すかいらーくの2014年12月期末時点での分配可能額（推定値）は4,927百万円でした。

そのすぐ後、2015年2月に実施された2014年12月期の期末配当は以下のとおりです。

> 期末配当（2015年2月実施）：2,626百万円（1株当たり13.52円）

当然ではありますが、「期末配当額2,626百万円＜分配可能額」となっていることから、会社法の分配規制上、全く問題ありません。

次は、中間配当です。中間配当は2015年8月に以下のとおり実施されています。

> 中間配当（2015年8月実施）：2,292百万円（1株当たり11.8円）

中間配当の額が分配可能額の範囲内かどうかを判定するには、中間配当時点での分配可能額を求める必要があります。分配可能額は最終事業年度の末日における剰余金の額をスタートにして求めます。中間配当時点において「最終事業年度」は前期末（2014年12月）になるため、2014年12月末時点の分配可能額をベースとして算定することになります。2014年12月末時点の分配可能額に、最終事業年度末日後の剰余金の増減として考慮すべきものを加減します。ここでは差し当たり、2015年2月に実施した期末配当の額を減少させておけばよいと考えられます。

すると、以下のようになります。

> 前期末の分配可能額4,927百万円－期末配当2,626百万円＝分配可能額2,301百万円

これが中間配当時点の分配可能額と推定されます。

そうすると、「中間配当額2,292百万円＜分配可能額」となっているので、これも問題ないとわかります。ただし、中間配当と分配可能額の差は9百万円しかありませんので、かなり目一杯分配したように見受けられます。

ところで、このときの中間配当は、当初の予想では1株当たり12円と公表されていました。それが11.8円に修正されたのです。その理由も会社は公表しています。当初の12円配当を実施すると、中間配当時点で分配可能額を超えてしまう可能性があることがわかったためだというのです。それを回避するために0.2円下げたというわけです。つまり、11.8円配当と12円配当の間に分配可能額のラインがあったことになります。

計算してみると、12円配当の場合は中間配当の総額は2,330百万円になります。11.8円による実際の中間配当額が2,292百万円ですから、「2,292百万円＜分配可能額＜2,330百万円」ということになります。上記で求めた中間配当時の分配可能額（推定値）は2,301百万円ですから、ちょうどこの式を満たしています。おそらくほぼ当たっているのではないでしょうか。

いずれにしても、ここでもう一つ述べておきたいことがあります。中間配当の予想が修正された際に、報道機関がどのように報じていたかということです。

インターネットのニュース記事によると、「2015年1月〜6月（すなわち上期）の利益が想定に届かなかったために、当初の12円配当では分配可能額を超えてしまう可能性が出てきた」と報道されていました。

しかし本書をここまで読んだ方なら、これが間違った解説だということはおわかりだと思います。多くの場合、最終事業年度の末日以降の会社の損益は、分配可能額の算定には織り込まれません。臨時決算を実施した場合だけはそれを織り込むことが可能ですが、そうでない限りは最終事業年度の末日以降の損益は分配可能額の算定には関係ないのです。よって、この記事は誤っていることとなります。ニュースの記事も気をつけて読まないと、時折こうした誤解がそのままになっていることがあります。

分配可能額というのは、どちらかというと会社の内部で利用される数字であって、しかも、分配可能額目一杯までの配当を実施しない限り、それほど神経質に考える必要のないものです。したがって、こうした知識は、果たして本当に必要なのだろうかと思ってしまうかもしれませんが、ここで紹介したように、実際に会社の配当予想にまで影響が及ぶこともあるのです。

3 シート別解説（イージー版）

　本書では、より使いやすい算定シートとして、イージー版を用意しています。イージー版はスタンダード版をスリムにしたものです。以下の前提条件を満たす場合に使用可能です。

【イージー版使用条件】

臨時決算なし
最終事業年度末日後の株主資本の計数の変動なし
現物配当なし
最終事業年度末日後の組織再編なし
不公正な出資等に係る支払義務による払込なし
300万円基準に該当しない
最終事業年度末日後の種類株式の活用なし
連結配当規制なし
最終事業年度がある

　イージー版の Sheet 構成は、**図表1−36**のとおりです。

図表1-36：イージー版の全体像

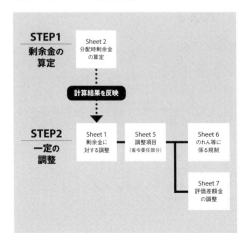

スタンダード版のSheetが全9枚であるのに対し、全5枚というイージー版はかなりスリムになっています。

イージー版の5枚のSheetは、基本的にはスタンダード版の同じSheetナンバーのSheetと同内容になるのですが、1点だけ異なる扱いとしているところがあります。それはSheet2です。

イージー版のSheet2においては、最終事業年度の末日後に行われた剰余金の配当に際して積み立てられた準備金の額を直接入力するようにしています。スタンダード版では、その額はSheet4で求めた後、Sheet3を経由してSheet2に自動転記されるようになっていました。

スタンダード版では理解を深める意味でそのようなSheet構成にしていましたが、実務的にはこの金額は算定するまでもなくわかっているはずですから、イージー版では直接入力するようにして、Sheet構成をスリムにしたのです。

なお、イージー版では、数字の入力は円単位である必要はありません。千円単位や百万円単位でも算定可能となっています。

では以下にイージー版の各Sheetを示します。各項目の意味はスタンダード版と変わるところはありませんので、スタンダード版（P12～102）をご参照ください。

分配可能額算定の基本式（会社法461条2項）の入力

図表1-37：Sheet1イメージ

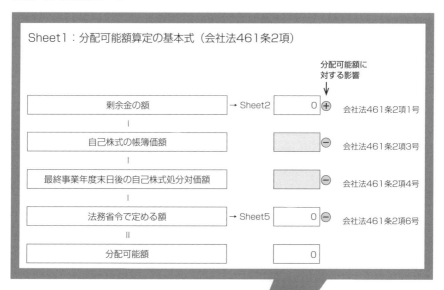

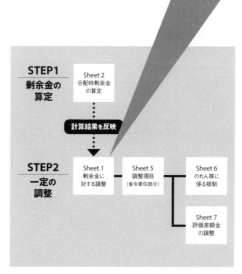

2　剰余金の額の算定（会社法446条）の入力

図表1-38：Sheet2イメージ

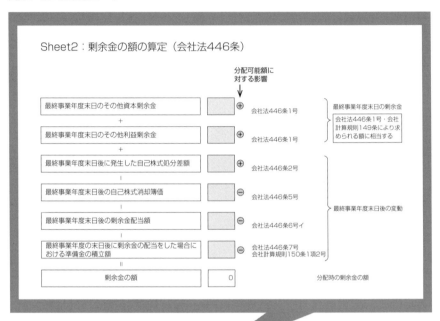

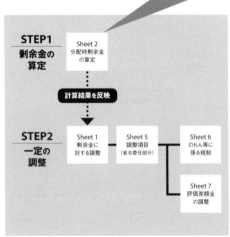

3 「剰余金調整項目」省令委任部分（会社法461条2項6号に規定する額）の入力

図表1−39：Sheet5イメージ

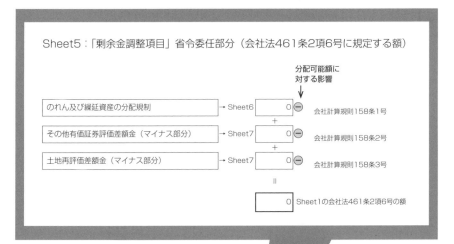

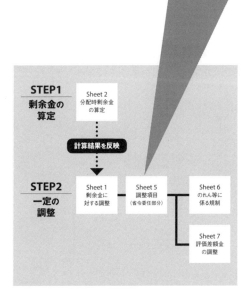

4 のれん及び繰延資産の分配規制（会社計算規則158条1号）の入力

図表1-40：Sheet6イメージ

Sheet6：のれん及び繰延資産の分配規制（会社計算規則158条1号）

以下は最終事業年度末日の数字で計算する。

のれんの額
同上の2分の1　　　　0 N
繰延資産の額　　　　　K　　　　0 A＝N＋K‥‥「のれん等調整額」

資本金の額
資本準備金の額
利益準備金の額　　　　　　　　0 B ‥‥「資本等金額」

その他資本剰余金の額　　　　　　C

① (A－B)≦0の場合　　　　　0 D＝0
② 0＜(A－B)≦Cの場合　　　－　E＝A－B
③ C＜(A－B)の場合は以下のいずれか
　i　N≦(B＋C)の場合　　　－　F＝A－B
　ii　N＞(B＋C)の場合　　　－　G＝C＋K

D～Gのいずれか該当するもの　　0

分配可能額に対する影響
⊖　会社計算規則158条1号

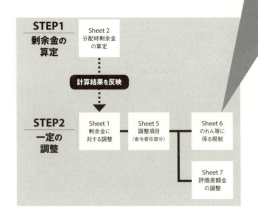

5 評価差額金のマイナス部分の控除（会社計算規則158条2号及び3号）の入力

図表1－41：Sheet7イメージ

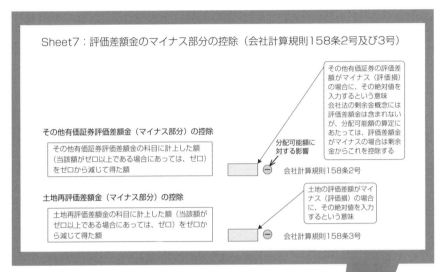

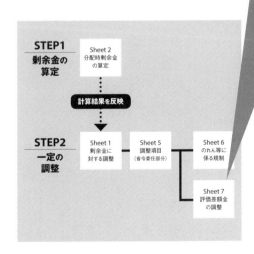

第**2**章

分配可能額算定法の Shortcut①

（自己株式に関する調整）

1 自己株式に関する調整の Shortcut

自己株式に関する調整のShortcut

期末自己株式残高及び期末日後自己株式取得・処分・消却がある場合、以下の算式により分配可能額を求めることができます。

> 分配可能額＝期末剰余金－期末自己株式残高－期末日後自己株式取得額

(注)上記式の期末剰余金とは、期末におけるその他資本剰余金とその他利益剰余金の合計のことです。

　　分配可能額の算定にあたっては、自己株式に関する調整計算に関して Shortcut (早道) があります。会社法の規定に忠実に計算していくのではなく、それとは違うルートで同じ結果にたどり着く方法です。

図表2－1：自己株式に関する調整のShortcut

本来（会社法の規定どおり）の方法	Shortcut
その他資本剰余金	その他資本剰余金
＋	＋
その他利益剰余金	その他利益剰余金
＋	－
自己株式処分差額	期末日の自己株式残高
－	－
自己株式消却簿価	期末日後の自己株式取得額
－	
分配時の自己株式残高	
－	
自己株式処分対価額	
＝	＝
分配可能額	分配可能額

その方法を会社法に忠実な本来の方法と比較したのが、**図表2−1**です。明らかに Shortcut のほうが楽に計算でき、しかも覚えやすいです。

　本書には分配可能額算定シートを収録していますが、Shortcut を知っていれば、算定シートを使わなくても、決算書を見ながら電卓を片手に算定することも可能です。

　それにしても**図表2−1**の「本来（会社法の規定どおり）の方法」は難解です。これでは何をやりたいのか理解できなくても仕方がありません。しかも式を構成する各項目が一つの条文にまとまっておらず、複数の条文に分かれているのです。分配可能額の算定方法が難解である理由はまさにそこにあります。

　本書の算定シートでいうと、Sheet1（会社法461条2項）と Sheet2（会社法446条）の二つに自己株式に関する調整計算がわかれているのです。その結果、分配可能額の算定において会社法が自己株式をどうしたいのかが全く見えてこないのです。

　そこで以下では、Sheet1（会社法461条2項）と Sheet2（会社法446条）の二つの Sheet に出てきた自己株式がらみの入力項目をひとまとめにして、それらが結局何を計算しようとしているのかを探っていくことにします。自己株式に関する Shortcut はそれを理解することによって得られるものです。

2 自己株式が分配可能額に与える影響（ケース別）

　図表2-2は、二つの条文に分かれて規定されている自己株式がらみの項目を抜き出して、ひとまとめにしたものです。

　各項目の左に示した⊕⊖の記号は、各項目が分配可能額に対してプラス要因かマイナス要因かを示しています。一番右には、各項目が算定シートのどのSheet に対応するのかを明示しました。各Sheet を見れば、それらの項目が確かに載っていることを確認できます。

図表2-2：自己株式に関する取引が分配可能額に与える影響

↓ 分配可能額に対する影響

⊖	自己株式の帳簿価額	会社法461条2項3号	Sheet1
⊖	最終事業年度末日後の自己株式処分対価額	会社法461条2項4号	Sheet1
⊕	最終事業年度末日後に発生した自己株式処分差額	会社法446条2号	Sheet2
⊖	最終事業年度末日後の自己株式消却簿価	会社法446条5号	Sheet2

（Sheet1とSheet2のうち、自己株式に関する項目以外はすべて無視して考えます）

　以下では、自己株式に関する取引が発生した場合に、**図表2-2**の4項目がどのような計算結果につながっていくのかを、ケース別に見ていくことにします。

期末日後に自己株式の取引なし（ケース1）

　図表2-3のケースは、期末において自己株式残高があるものの、期末日後においては特に自己株式関連の取引（取得、処分、消却）が発生していないというものです。

　この場合、分配時の自己株式の帳簿残高は、期末時の帳簿残高がそのまま分配時までスライドすることになるため、「期末残高イコール分配時残高」になります。

116

図表2−3：自己株式に関する取引が分配可能額に与える影響（ケース1）

最終事業年度末日後に自己株式の取引がない場合（期末残高＝分配時残高＝10とする）

分配可能額に対する影響

⊖	自己株式の帳簿価額	会社法461条2項3号	10
⊖	最終事業年度末日後の自己株式処分対価額	会社法461条2項4号	0
⊕	最終事業年度末日後に発生した自己株式処分差額	会社法446条2号	0
⊖	最終事業年度末日後の自己株式消却簿価	会社法446条5号	0
合計	分配可能額への影響額		−10
	上記合計に含まれる最終事業年度末日の自己株式残高による影響		−10
差引			0

　例えば、自己株式の期末残高を10とすると、これを「自己株式の帳簿価額」の欄に記載し、それ以外の3項目はゼロと記載します（自己株式の取得、処分、消却が発生していない）。

　その結果、「分配可能額への影響額」は−10と計算されます。つまり、分配可能額を10押し下げるという意味です。**図表2−3**の合計欄より下の2行は、この−10をもたらした要因を分析している部分です。すなわち、−10のうち自己株式の期末残高によりもたらされたのが−10であり、差引は0ということから、それ以外の要因はないということを示しています。

　以上から、期末において自己株式残高があるものの、期末日後においては特に自己株式関連の取引（取得、処分、消却）が発生していない場合は、期末の自己株式残高を分配可能額算定上マイナスしてあげればよいということになります。

期末日後に自己株式を取得（ケース2）

　今度は**図表2−4**です。期末において自己株式残高がある点は**ケース1**と同じですが、期末日後に追加的に自己株式を取得しているケースになります。

　自己株式の期末残高が10で、期末日後に30取得しているとします。分配時の

図表2−4：自己株式に関する取引が分配可能額に与える影響（ケース2）

最終事業年度末日後に自己株式を取得した場合（期末残高＝10、期末後に30取得する）

	分配可能額に対する影響		
⊖	自己株式の帳簿価額	会社法461条2項3号	40
⊖	最終事業年度末日後の自己株式処分対価額	会社法461条2項4号	0
⊕	最終事業年度末日後に発生した自己株式処分差額	会社法446条2号	0
⊖	最終事業年度末日後の自己株式消却簿価	会社法446条5号	0
合計	分配可能額への影響額		−40
	上記合計に含まれる最終事業年度末日の自己株式残高による影響		−10
差引			−30

自己株式残高は40になります。その40を「自己株式の帳簿価額」の欄に記入します。他の3項目はゼロなので、「分配可能額への影響額」は−40と計算されます。分配可能額を40押し下げるというわけです。その要因を分析しているのが、**図表2−4**の合計欄より下の2行です。自己株式の期末残高によってもたらされたものが−10なので、期末日後の取得による影響が−30と計算されます。

　以上から、期末において自己株式残高があり、期末日後において自己株式を取得している場合は、期末の自己株式残高に加えて期末日後の自己株式取得額も、分配可能額算定上マイナスする必要があるとわかります。

期末日後に自己株式を処分（ケース3）

　図表2−5は期末時に保有している自己株式の一部を期末日後に処分（売却等）するケースです。自己株式の期末残高が10、そのうち8を期末日後に12で売却しているので、分配時点では残高は2（10−8）です。「自己株式の帳簿価額」の欄には2と記入します。

　そして、その下の「最終事業年度末日後の自己株式処分対価額」（処分対価）には売却した値段である12を記入し、さらにその下の「最終事業年度末日後に発

図表2-5：自己株式に関する取引が分配可能額に与える影響（ケース3）

最終事業年度末日後に自己株式を処分した場合（期末残高＝10、うち8を期末後に12で売却する）

	分配可能額に対する影響		
⊖	自己株式の帳簿価額	会社法461条2項3号	2
⊖	最終事業年度末日後の自己株式処分対価額	会社法461条2項4号	12
⊕	最終事業年度末日後に発生した自己株式処分差額	会社法446条2号	4
⊖	最終事業年度末日後の自己株式消却簿価	会社法446条5号	0
合計	分配可能額への影響額		−10
	上記合計に含まれる最終事業年度末日の自己株式残高による影響		−10
差引			0

生した自己株式処分差額」の欄には、処分対価12と処分した自己株式の簿価8の差額である4を記入します。その結果、分配可能額への影響は−10と計算されます。

　−10の要因分析をすると、計算された「分配可能額への影響」のうち、自己株式の期末残高によるものが−10なので、それ以外の要因はゼロと計算されます。つまり、期末日後に自己株式を売却しても、分配可能額には影響を及ぼさないというわけです。結局このケースでは、期末の自己株式残高を分配可能額のマイナス要因ととらえるのみでよいということになります。

期末日後に自己株式を消却（ケース4）

　最後のケースは**図表2-6**です。このケースでは自己株式の消却を扱います。期末に保有していた自己株式の一部を期末日後に消却するというケースです。

　自己株式の期末残高が10、期末日後に消却した自己株式の簿価が8なので、分配時に残っている自己株式は2です。その2を「自己株式の帳簿価額」の欄に記入します。そして、消却した8を「最終事業年度末日後の自己株式消却簿価」

図表2−6：自己株式に関する取引が分配可能額に与える影響（ケース4）

最終事業年度末日後に自己株式を消却した場合（期末残高＝10、うち8を期末後に消却する）

分配可能額に対する影響

⊖	自己株式の帳簿価額	会社法461条2項3号	2
⊖	最終事業年度末日後の自己株式処分対価額	会社法461条2項4号	0
⊕	最終事業年度末日後に発生した自己株式処分差額	会社法446条2号	0
⊖	最終事業年度末日後の自己株式消却簿価	会社法446条5号	8
合計	分配可能額への影響額		−10
	上記合計に含まれる最終事業年度末日の自己株式残高による影響		−10
差引			0

の欄に記入します。その結果、分配可能額への影響は−10と計算されます。

　計算された「分配可能額への影響」のうち、自己株式の期末残高によるものが−10なので、それ以外の要因はないことになります。つまり、期末日後に自己株式を消却しても、分配可能額には影響を及ぼさないというわけです。

　結局このケースもケース3同様、期末の自己株式残高を分配可能額のマイナス要因ととらえるのみでよいことになります。

3 自己株式が分配可能額に与える影響（まとめ）

以上四つのケースをまとめてみます。**図表2-7**のとおりです。

図表2-7：自己株式に関する取引が分配可能額に与える影響（まとめ）

ケース1

最終事業年度末日後に自己株式の取引がない場合（期末残高＝分配時残高＝10とする）

分配可能額に対する影響				
⊖	自己株式の帳簿価額	会社法461条2項3号	10
⊖	最終事業年度末日後の自己株式処分対価額	会社法461条2項4号	0
⊕	最終事業年度末日後に発生した自己株式処分差額	会社法446条2号	0
⊖	最終事業年度末日後の自己株式消却簿価	会社法446条5号	0
合計	分配可能額への影響額		−10
	上記合計に含まれる最終事業年度末日の自己株式残高による影響		−10
差引			0

ケース2

最終事業年度末日後に自己株式を取得した場合（期末残高＝10、期末後に30取得する）

⊖	自己株式の帳簿価額	会社法461条2項3号	40
⊖	最終事業年度末日後の自己株式処分対価額	会社法461条2項4号	0
⊕	最終事業年度末日後に発生した自己株式処分差額	会社法446条2号	0
⊖	最終事業年度末日後の自己株式消却簿価	会社法446条5号	0
合計	分配可能額への影響額		−40
	上記合計に含まれる最終事業年度末日の自己株式残高による影響		−10
差引			−30

ケース3

最終事業年度末日後に自己株式を処分した場合（期末残高＝10、うち8を期末後に12で売却する）

⊖	自己株式の帳簿価額	会社法461条2項3号	2
⊖	最終事業年度末日後の自己株式処分対価額	会社法461条2項4号	12
⊕	最終事業年度末日後に発生した自己株式処分差額	会社法446条2号	4
⊖	最終事業年度末日後の自己株式消却簿価	会社法446条5号	0
合計	分配可能額への影響額		−10
	上記合計に含まれる最終事業年度末日の自己株式残高による影響		−10
差引			0

ケース4

最終事業年度末日後に自己株式を消却した場合（期末残高＝10、うち8を期末後に消却する）

⊖	自己株式の帳簿価額	会社法461条2項3号	2
⊖	最終事業年度末日後の自己株式処分対価額	会社法461条2項4号	0
⊕	最終事業年度末日後に発生した自己株式処分差額	会社法446条2号	0
⊖	最終事業年度末日後の自己株式消却簿価	会社法446条5号	8
合計	分配可能額への影響額		−10
	上記合計に含まれる最終事業年度末日の自己株式残高による影響		−10
差引			0

結論からいうと、分配可能額の算定における自己株式の調整について、会社法でいっている内容は下記の4点になります。

・剰余金から分配可能額を求める際、期末日の自己株式残高を控除する。
・期末日後に自己株式を取得した場合は、その分だけ分配可能額を減少させる。
・期末日後に自己株式を処分しても分配可能額に影響させない。
・期末日後に自己株式を消却しても分配可能額に影響させない。

　実際の条文では非常に複雑に書いてあるため、このことがなかなか読み取れません。
　分配可能額を手早く算定するには、条文の規定にそって計算するのではなく、上記4点を踏まえて、期末の自己株式残高と期末日後の取得額のみから算定するという Shortcut が考えられるのです。

4 Shortcut の検証

ここでは、Shortcut が本当に正しいかどうかを、検証してみます。

まず、**図表2-8**のとおり、自己株式関連の各項目をa、b、c、dとおき、分配可能額への影響額を「－a－b＋c－d」と算出します。

図表2-8：Shortcutの検証

	分配可能額に対する影響		
⊖	自己株式の帳簿価額	会社法461条2項3号	a
⊖	最終事業年度末日後の自己株式処分対価額	会社法461条2項4号	b
⊕	最終事業年度末日後に発生した自己株式処分差額	会社法446条2号	c
⊖	最終事業年度末日後の自己株式消却簿価	会社法446条5号	d
合計	分配可能額への影響額		－a－b＋c－d

次に、期末日の自己株式残高をX、期末日後の自己株式取得額をYとおきます。すると、自己株式の帳簿価額a（分配時の残高）は以下のように表されます。

$$a = X + Y - (b - c) - d$$

これを「分配可能額への影響額　－a－b＋c－d　」に代入します。

分配可能額への影響額＝－ a － b ＋ c － d

$= -\{X + Y - (b - c) - d\} - b + c - d$

$= -X - Y + b - c + d - b + c - d$

$= -X - Y$

$= -(X + Y)$

以上より、分配可能額を求めるには、期末の剰余金の額からX（期末日の自己株式残高）とY（期末日後の自己株式取得額）の金額を控除すればよいことがわかります。よって、Shortcut が正しいと証明できます。

違法配当の原因から見えてくる大事なこと

分配可能額を超えて配当が行われることを違法配当といいます。違法配当には主に以下の3パターンがあります。

- ・意図的な違法配当
- ・過年度決算訂正に連動した分配可能額減少による違法配当
- ・事務的なミスによる違法配当

このうち分配可能額の算定方法の知識に直接関係するものは、三番目の「事務的なミスによる違法配当」です。そのような違法配当につき、事例を図表2-9に一覧表で示します。

図表2-9：違法配当の事例

単位：百万円

会社名	決算期	① その他資本剰余金	② その他利益剰余金	③ 合計 (①+②)	④ 自己株式 (残高をマイナス表示)	⑤ その他有価証券評価差額金 (マイナス額)	⑥ 土地再評価差額金 (マイナス額)	分配可能額 (一部推定) (③~⑥合計)	配当金	原因
A社	2008年3月期	—	3,937	3,937	−11	−4,621	—	−695	344	その他有価証券評価差額金がマイナス値であるにもかかわらず控除し忘れた
B社	2009年3月期	138	969	1,107	−1,143	−126	—	−162	412	自己株式残高を差し引くのを忘れた
C社	2010年3月期	—	46	46	−200	−2	—	−156	25	自己株式残高及びその他有価証券評価差額金を差し引くのを忘れた
D社	2011年3月期	—	872	872	−260	0	−562	50	111	分配可能額を計算していなかった
E社	2011年5月期	86	758	844	−1,180	−51	—	−387	19	自己株式残高を前期数値(270百万円)で計算してしまった
F社	2013年3月期中間	—	28	28	−1	−7	—	20	41	臨時決算手続をやらなかった（中間配当時までの利益は十分に計上されていた）

わずか6社の事例ですが、そこからある傾向が浮かび上がってきます。まず、各社の分配可能額がいくらだったのかを見てください。なんと6社中4社（A、B、C、E社）がマイナスなのです。配当できるはずもないのに配当を実施してしまったというわけです。

図表2-9の「分配可能額」は、期末日の決算数値のみから筆者が簡便的に算定し

たものなので、分配時点の分配可能額ではありません。推定値ということになります。それがマイナス値であるということは、期末日後によほどの逆転がない限り、分配時の分配可能額がマイナスになるということが、期末時点ですでに明らかだったということを意味します。にもかかわらず、誰一人そのことに気づくことなく配当を実施してしまったのです。これはお粗末という他ありません。

　分配可能額がマイナス値だった4社（A、B、C、E社）について、違法配当を行ってしまった原因も見てください。そのうち3社（B、C、E社）が自己株式がらみの原因です。いずれも多額の自己株式残高があったにもかかわらず、それを分配可能額から控除しそこねるというミスを犯し、分配可能額がプラス値で算定されてしまったようです。その誤った分配可能額を前提に配当が実施されました。

　もし、これらの会社の配当額決定プロセスの関係者が、本章で述べた Shortcut を知っていたらどうだったでしょうか。分配可能額を求める場合、自己株式については、期末残高と期末日後取得額を控除するというごく単純なテクニックです。自己株式の期末残高が多いが本当に配当可能なのだろうかと、誰かは気がついたのではないでしょうか。

　分配可能額の算定法は確かに難解ですが、実際に間違えるのは基本的な部分です。基本ができていないところで大きな問題が起こるのです。

第3章
分配可能額算定法の Shortcut②
（のれん等調整額に係る控除額の算定）

1 のれん等調整額に係る控除額算定のShortcut

のれん等調整額に係る控除額算定のShortcut

のれん等調整額に係る控除額は以下のように求めることができます。
① のれん等調整額－資本等金額
② その他資本剰余金＋繰延資産
上記二つの額を求め、小さいほうの金額を選ぶ。ただし、その額がゼロ以下である場合はゼロとする。

　分配可能額算定の一連の計算の中で、のれん等調整額に係る控除額の算定は特にわかりにくく、かつ覚えにくいところです。しかし、実はその部分に関してShortcut（早道）があります。会社法の規定に忠実に計算していくのではなく、それとは違うルートで同じ結果にたどり着く方法です。

　その方法を会社法に忠実な本来の方法と比較したのが**図表3-1**です。計算のステップはあまり差がないように見えますが、本来の方法は「場合分け」を覚えるのが大変です。それに対してShortcutは「場合分け」をする必要がなく、二つの値を計算してその小さいほうを選ぶというだけのものです。こちらのほうが明らかに楽で、覚えやすいです。

　本書には分配可能額算定シートを収録していますが、このShortcutを知っていれば、算定シートを使わなくても、決算書を見ながら電卓を片手に算定することも可能です。

図表3－1：のれん等調整額に係る控除額算定のShortcut

本来の方法

① まず、「のれん等調整額－資本等金額」を求める。

② 上記の額が0以下の場合、控除額は0とする。

③ 上記の額が0超、その他資本剰余金以下の場合、控除額は「のれん等調整額－資本等金額」とする。

④ 上記の額がその他資本剰余金超の場合、さらに場合分けし、控除額は以下のいずれかとする。

のれんの2分の1が資本等金額とその他資本剰余金の合計以下の場合

「のれん等調整額－資本等金額」

のれんの2分の1が資本等金額とその他資本剰余金の合計を超える場合

「その他資本剰余金＋繰延資産」

Shortcut

① まず、「のれん等調整額－資本等金額」を求める。

② 次に、「その他資本剰余金＋繰延資産」を求める。

③ 上記のうち小さいほうを控除額とする（ただし、その額が0以下の場合はゼロとする）。

2 のれん等調整額に係る控除の趣旨

　二つの方法を比較して示した**図表3−1**は、Shortcut が便利であることについてはよくわかりますが、いずれの方法も何を計算したいのかよくわかりません。いくら Shortcut が覚えやすいからとはいえ、やはりその計算式の意味は知っておきたいものです。

　本章では以下、順を追ってその意味を解読していきますが、結論からいうと、のれん等調整額に係る控除の趣旨は次のようなものです。

　のれんの2分の1と繰延資産の額 (のれん等調整額) のうち、資本金、資本準備金及び利益準備金 (資本等金額) でカバーされない額を分配可能額算定上控除する。ただし、のれんの2分の1のほうに関しては、その他資本剰余金の額を上限とする。

　前章でも述べましたが、のれんと繰延資産については資産性が認められないため、のれんについてはその2分の1、繰延資産については全額を実質的には費用とみなすというのがスタートになります。

　もし、のれんと繰延資産について企業会計上も資産性を認めないとしたら、それらは損益計算上費用計上され、利益剰余金はその分減少します。その結果、分配可能額はその分減ることになります。

　しかし実際の決算書では、のれんも繰延資産も資産計上されており、その決算書をベースに分配可能額の計算が行われるので、のれんの2分の1と繰延資産の全額については、分配可能額算定上において控除するという措置が取られるのです。

　ただし、それが資本等金額でカバーされている場合は、その分の控除は必要

なしとします。資本等金額は分配対象外の項目ですから、当該項目がのれん等調整額に見合う額以上に確保されているのであれば、その部分は分配制限を課す必要がないためです。

　また、のれんの2分の1に関しては、それが貸借対照表に計上されたときに相手科目が何であったかということも考慮して分配制限が課されます。具体的には、相手科目がその他資本剰余金の場合には分配制限を課すというもので、その他資本剰余金の額を上限にしているというのはそのためです。

　のれんは、企業結合に際して、受入対象資産負債のネット額とその取得対価の差額として計上されます。取得対価として自社の株式を交付する場合、のれんの相手勘定は資本金、資本準備金及びその他資本剰余金が考えられ、それらの内訳は契約により決められます。

　交付する自社の株式については、当該株式の時価を基準として算定するので、のれんが受入対象の超過収益力等を超えて計上されることも考えられ、その相手勘定がその他資本剰余金である場合は、過大なのれんによる分配可能額の増加につながります。また、相手勘定が資本金、資本準備金である場合も将来の分配可能額供給源が過大になるという問題につながります。

　そこでこれらの問題を考慮に入れるという趣旨で、のれんの2分の1については、その他資本剰余金を上限として分配可能額から控除するという手当がなされています。以上がのれん等調整額に係る控除の趣旨になります。

3 のれん等調整額に係る控除額へのアプローチ

　以下では、のれん等調整額に係る控除額の趣旨を図解し、Shortcutの背景について解説します。
　初めに、図表3-2のイメージをおさえておいてください。

図表3-2：安定した構造と不安定な構造

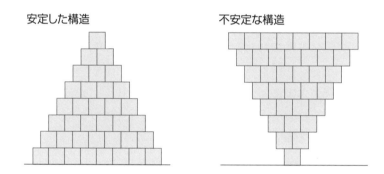

　難しい話ではありません。レンガを積む場合、下層が大きいほど安定した構造であるということだけです。逆三角形に積むことは現実には無理ですが、不安定なイメージを強調する意味で右側の図も示しました。
　以下では、のれん等調整額を表すレンガを上の段に、資本等金額を表すレンガを下の段にして二段に積み、どうすれば安定した状態（＝会社債権者の利益を害さないような状態）が確保できるのかという観点から、のれん等調整額に係る控除額を考えていきます。
　詳細は後述しますが、イメージとしては図表3-3のようになります。

図表3-3：のれん等調整額を資本等金額他で支えるイメージ

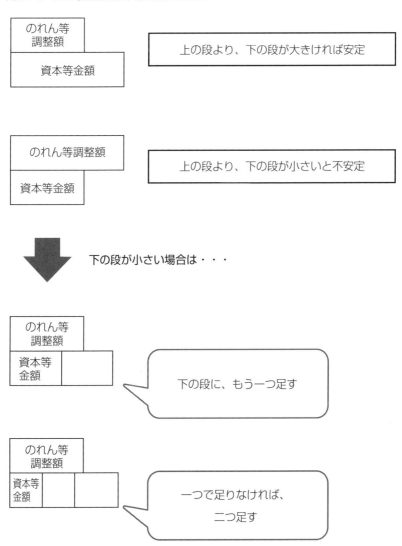

4 「(A－B)≦0」 (パターン①)

（のれん等調整額－資本等金額）が０以下である

のれん等調整額に係る控除額を求めるには、場合分けをしました。第1章の図表1－24を改めて見てください。①から③まで場合分けをしており、③についてはさらにⅰとⅱに分けました。

図表1－24：Sheet6イメージ（再掲）

Sheet6：のれん及び繰延資産の分配規制（会社計算規則158条1号）

以下は最終事業年度末日の数字で計算する

入力は円単位
ブルーセルに入力
白セルは自動計算

❶ のれんの額
　　同上の2分の1　　　　　　　　　0 N
❷ 繰延資産の額　　　　　　　　　　K 　　　　　0 A＝N＋K‥‥‥「のれん等調整額」

❸ 資本金の額
❹ 資本準備金の額
❺ 利益準備金の額 　　　　　　　　　　　0 B ‥‥‥「資本等金額」

❻ その他資本剰余金の額　　　　　　　　 C

		D～Gのいずれか該当するもの	分配可能額に対する影響
①(A－B)≦0の場合	0 D＝0		
②0＜(A－B)≦Cの場合	－ E＝A－B	0	― 会社計算規則158条1号
③C＜(A－B)の場合は以下のいずれか			
ⅰ N≦(B＋C)の場合	－ F＝A－B		
ⅱ N＞(B＋C)の場合	－ G＝C＋K		

ここでもその場合分けに従って解説していきます。

まずは図表3－4の(A－B)≦0のパターンです。「(のれん等調整額－資本等金額)が0以下である」パターンです。

134

図表3－4：（A－B）≦0のパターン

（のれん等調整額－資本等金額）が0以下である
（A－B）≦0　のパターン

下段のほうが大きく　　　　のれん等調整額に係る
安定した構造　　　→　　控除額はゼロ

Aの段→ （A＝N＋K）	のれんの2分の1 （N）	K
Bの段→ （B＝S＋J）	S	J

N…のれんの2分の1
K…繰延資産
S…資本金
J…資本準備金＋利益準備金

　上の段を「Aの段」、下の段を「Bの段」と呼ぶことにします。Aの段は、のれんの2分の1と繰延資産です。すなわち、のれん等調整額ということです。これは資産性のない項目です。それをBの段が支えます。Bの段は資本等金額です。

　（A－B）≦0のパターンというのは、Bの段のほうがAの段より大きいということです。積み方として安定しており、イメージどおり、資産性のない項目が資金的裏付けのある項目によってしっかり支えられているとわかります。会社の財政状態として望ましい状態ということです。分配可能額を計算する際ののれん等調整額に係る控除額はゼロでよいということになります。

5 「0＜（A－B）≦C」（パターン②）

同様に0＜（A－B）≦Cのパターンを考えてみます。

「（のれん等調整額－資本等金額）が0より大きくその他資本剰余金以下である」パターンです。図表3−5のとおりです。

図表3−5：0＜（A−B）≦Cのパターン（その1）

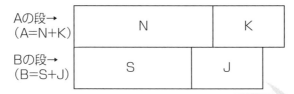

このパターンでは、Aの段のほうがBの段より大きくなっています。上の段の方が大きいため不安定な状態です。これをなんとかして安定な状態に持っていきたいと思います。

そこで図表3−6のように、別の項目を持ってきます。その他資本剰余金（C）です。これをBの段に充当します。そうすると下の段がB＋Cとなり、Aの段よりも大きくなります。これで安定します。

図表3-6：0＜(A−B)≦Cのパターン（その2）

その他資本剰余金（C）を
下段に入れたら安定した

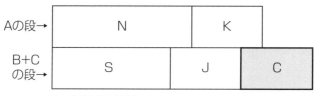

N…のれんの2分の1
K…繰延資産
S…資本金
J…資本準備金＋利益準備金
C…その他資本剰余金

図表3-7：0＜(A−B)≦Cのパターン（その3）

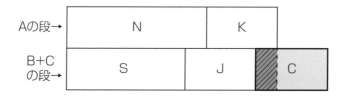

Cはもともと株主に分配するつもりだったが、この部分はAを支えるのに用いているので分配できない
ただし分配できないのはCの斜線部分（A−B）だけなので、この分を控除した額が分配可能額となる

控除額は　A−B　　この場合、常に（A−B）≦（C+K）が成立している

Cのその他資本剰余金は剰余金ですから、分配の原資です。ところが、この場合は一部がAの段を支えるのに使用されているので、その部分は分配できません。その部分というのは、**図表3-7**から明らかですが、A－Bの部分（斜線部分）です。したがって、A－Bの額を分配可能額から控除するというわけです。

なお、このパターンでは$0<(A－B)\leqq C$が前提として与えられていることから、$(A－B)\leqq(C＋K)$も当然に成立するということがいえます（Kが必ず0以上の値をとるためです）。ここではその意味を考える必要はありませんが、このことはShortcutを導き出す際に必要になるので、頭の片隅に留めておいてください。

6 「C＜(A－B)、かつ N≦(B＋C)」(パターン③i)

次はC＜(A－B)、かつN≦(B＋C) というパターンです。

「(のれん等調整額－資本等金額) がその他資本剰余金より大きく、かつのれんの2分の1が資本等金額とその他資本剰余金の合計以下である」パターンです。図表3-8のとおりです。

図表3-8：C＜(A－B)、かつN≦(B+C) のパターン（その1）

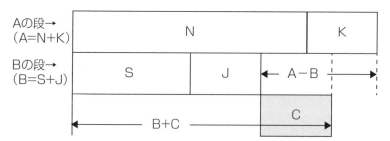

Cは負数にはならないので、C＜(A－B) ということは、AはBよりも大きいということを意味しています。そしてAとBの差は、Cを超えるということです。

つまりAの段はBの段より大きいので不安定な状態となっているわけです。し

かも、下の段であるBの段にCを入れても十分には支えきれないということを意味しています。

この状態を安定した状態に持っていくには、どうすればよいでしょうか。Cだけでは足りないので、AとBの差をすべて埋めるように別の項目を追加することになります。結局、安定構造にするために動員したのはCとさらに追加した項目の合計です。図表3-9でいえばA-Bの額です。その額がのれん等調整額に係る控除額になります。

図表3-9：C<(A-B)、かつN≦(B+C)のパターン（その2）

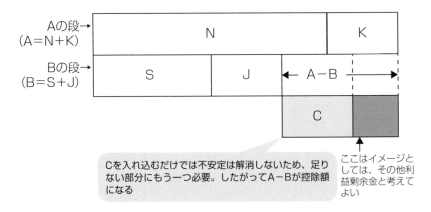

控除額は　A-B　　この場合、常に（A-B）≦（C+K）が成立している

このパターンでは、もう一つ条件がありました。N≦(B+C)です。これは、のれんの2分の1が資本等金額とその他資本剰余金の合計でカバーされて（支えられて）いるということです。この条件が満たされている場合にA-Bを分配可能額から控除するというのは、繰延資産については全額、のれんの2分の1の額についてはその他資本剰余金の額を上限として控除するということになります。そのための条件設定です。

このことからさらに、次のこともいえます。A-Bは、その他資本剰余金と繰

延資産の合計以下になるということです。式で示すと、こうなります。

$$N \leqq (B + C)$$
$$(N + K) \leqq (B + C + K)$$
$$(N + K - B) \leqq (C + K)$$
$$(A - B) \leqq (C + K)$$

　少々わかりにくいですが、**図表3−9**を見て考えてみてください。これも Short cut を導く際に使います。

7 「C＜(A－B)、かつ (B＋C)＜N」(パターン③ii)

最後は「C＜(A－B)、かつ (B＋C)＜N」のパターンです。

これは、「(のれん等調整額－資本等金額) がその他資本剰余金より大きく、かつのれんの2分の1が資本等金額とその他資本剰余金の合計を上回る」パターンです。図表3-10のとおりです。

図表3-10：C＜(A－B)、かつ (B＋C) ＜Nのパターン（その1）

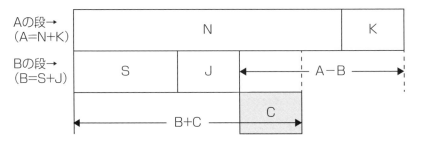

まずイメージだけとらえてください。上段がかなり大きく、非常に不安定です。
　先ほどのパターン同様、AとBの差がCを上回るわけですから、このようになるのです。このパターンはさらに不安定さが増していますが、その原因は(B＋C)

＜Ｎとなっていることにあります。のれんが異様に大きいのです。

いずれにしても、Ｃを入れたくらいでは少しも安定しません。ではＡとＢの差（Ａ－Ｂ）がすべて埋まるまで何らかの項目を追加すればよいのかというと、実はそこまでする必要はありません。

その理由は、（Ｂ＋Ｃ）＜Ｎという条件にあります。もし、Ａ－Ｂを何らかの項目で埋め尽くすと確かに安定しますが、のれんの2分の1の部分が必要以上にカバーされてしまうのです。のれんの2分の1のうち資本等金額でカバーしきれない部分は、その他資本剰余金を上限に分配可能額から控除するというのが、会社法の趣旨でした。Ａ－Ｂをすべて控除することではありません。

では、Ａ－Ｂのうちどこまで埋めればよいのでしょうか。**図表3－11**で、まずＫに着目してください。これは繰延資産です。繰延資産については全額控除しなければなりません。したがって、Ｋに対応する部分は支えてあげなければなりません。一方、Ｎ、つまりのれんの2分の1のほうはその他資本剰余金を上限に控除すればよいのです。したがって、Ｃをあてがってやればそれでよいとわかります。

結局、控除額は「繰延資産とその他資本剰余金の合計」ということになります。Ｃ＋Ｋ（**図表3－11**の斜線部分）です。

さて、このとき（Ｃ＋Ｋ）＜（Ａ－Ｂ）が成立しているということもおさえておいてください。Ｎが非常に大きいために起こる結果ですが、文章での説明よりも**図表3－11**のほうが理解していただきやすいのではないでしょうか。

算式で説明するのであれば（Ｂ＋Ｃ）＜Ｎという条件から以下のように導くことができます。

（Ｂ＋Ｃ）＜Ｎ

（Ｂ＋Ｃ＋Ｋ）＜（Ｎ＋Ｋ）

（Ｃ＋Ｋ）＜（Ｎ＋Ｋ－Ｂ）

（Ｃ＋Ｋ）＜（Ａ－Ｂ）

図表3-11：C＜(A−B)、かつ(B+C)＜Nのパターン(その2)

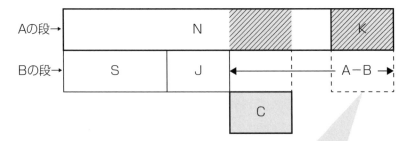

控除額は　C+K　　この場合、常に(C+K)＜(A−B)が成立している

8 パターン別の のれん等調整額に係る 控除額のまとめ

　複雑な話が続きました。レンガの話など持ち出さないほうがわかりやすいと感じた方もいたかもしれませんが、ここはどのように説明したところで難解になってしまうといっても過言ではありません。ここでまとめると、以下のようになります。

　各パターンののれん等調整額に係る控除額は、どのような結果であったかというのを**図表3-12**に示します。

　この**図表3-12**から何がわかるでしょうか。ここから Shortcut が見えてくるのです。

　まず、「のれん等控除額」の欄を見てください。これはのれん等調整額に係る控除額のことですが、結局、答えは三つしかないということがわかります。0かA－BかC＋Kです。

　次に「常に成立している大小関係」の欄を見てください。これが大事です。各

図表3-12：のれん等調整額に係る控除額のまとめ

パターン	のれん等控除額	常に成立している大小関係
①	0	－
②	A－B	(A－B) ≦ (C＋K)
③i	A－B	(A－B) ≦ (C＋K) が成立
③ii	C＋K	(C＋K) < (A－B) が成立

A…のれん等調整額（のれんの2分の1+繰延資産）
B…資本等金額（資本金+資本準備金+利益準備金）
C…その他資本剰余金
K…繰延資産

パターンの解説に際して、とりあえず頭の片隅に留めておいてくださいとして述べたところです。よく見ると、次のことがわかります。

> ・パターン①を除き、「のれん等控除額」はＡ－ＢとＣ＋Ｋの小さいほうの額になっている。
> ・パターン①はＡ－Ｂが0以下の場合であり、その場合、「のれん等控除額」は0になる。

　したがって、のれん等調整額に係る控除額を手早く算定するには、(Ａ－Ｂ)と(Ｃ＋Ｋ)を求め、その小さいほうを選ぶ(ただし、その額がゼロ以下の場合はゼロとする)というShortcutが使えることがわかります。場合分けなどせずに、単純に二つの計算をするだけでよいのです。

配当原資の選択がその後の配当を左右する

　本章では、その他資本剰余金が重要なキーワードでした。のれん等調整額に係る控除額というのは、一見、のれんの額が大きい場合に分配可能額への影響が重要になるととらえがちですが、実はそうではありません。

　もう一度 Shortcut を思い出してください。パターン③iiで繰延資産の額が0であるとした場合、いくらのれんの額が大きくても、その他資本剰余金の残高がなければのれん等調整額に係る控除額は0なのです。のれんに係る分配規制というのは、のれんの額のほうにばかり目が行ってしまいますが、実はその他資本剰余金のほうがキーになっているのです。

　このことは、配当を実施する場合に、その他利益剰余金とその他資本剰余金のいずれから配当するかによって、その後の配当に大きな影響が出てくることを意味しています。以下、事例を使って説明します。

図表3-13：A社の×1年度末のBS

資産　　　　　2,000 （内のれん）　（1,000）	負債	1,500
	資本金	150
	資本準備金	150
	その他資本剰余金	100
	その他利益剰余金	100

　図表3-13のような貸借対照表（BS）の会社を考えてください。
　資産の半分がのれんです。当然ながら、分配可能額を算定する場合、のれんに係る分配規制を考慮しなければならないでしょう。
　早速、A社の期末時点の分配可能額を求めてみます。

まず、のれん等調整額に係る控除額を計算するため、「のれん等調整額－資本等金額」（のれん÷2－（資本金＋資本準備金））を求めます。

　①　1000÷2－300＝200

　次に、「その他資本剰余金＋繰延資産」を求めます。繰延資産はないので、

　②　100＋0＝100

となります。

　①②のうち小さいほうが控除額です（ただし、その額が0以下の場合はゼロとします）。したがって、

　100

が控除額です。

　控除額が計算できたので、今度は剰余金（その他資本剰余金＋その他利益剰余金）の額を求めます。

　100＋100＝200

　そして分配可能額を求めます。

　「剰余金の額－のれん等調整額に係る控除額」ですので、

　200－100＝100

となり、分配可能額は100ということです。

　分配可能額上限まで配当するのであれば、この100を配当しますが、問題は原資をどうするかです。その他利益剰余金にするのか、その他資本剰余金にするのかということです。実務上は、その他利益剰余金の残高がある限り、その他利益剰余金から配当するのが普通です。ここでも、まずはそうすることにします。

　すると、翌年度末のBSは図表3－14のとおりになります。

図表3-14：A社の×2年度末のBS（その他利益剰余金を配当した場合）

資産	1,910	負債	1,500
（内のれん）	（950）		
		資本金	150
		資本準備金	150
		その他資本剰余金	100
		その他利益剰余金	10

当期利益：10

のれんの償却：20年償却（年50）

　その他利益剰余金から配当を100支払いましたが、当期利益が10計上されたので、その他利益剰余金の期末残高は10です。のれんは20年で償却することにしているため、のれんの残高は950に減っています。このBSを使って×2年度末時点の分配可能額を求めてみます。

　まず、「のれん等調整額－資本等金額」を求めます。

①　950÷2－300＝175

　次に、「その他資本剰余金＋繰延資産」を求めます。繰延資産はないので、

②　100＋0＝100

　①②のうち小さいほうが控除額です（ただし、その額が0以下の場合はゼロとします）。したがって、

100

が控除額です。

　控除額が計算できたので、今度は剰余金（その他資本剰余金＋その他利益剰余金）の額を求めます。

100＋10＝110

　そして分配可能額を求めます。

　「剰余金の額－のれん等調整額に係る控除額」ですので、

110－100＝10

となり、分配可能額は10ということです。

　次はもう一つのケースで計算します。先ほどの×1年度の配当（実際に配当するのは×2年度中になる）を、その他利益剰余金ではなくその他資本剰余金から配当するケースです。その場合の翌年度の BS は図表3−15です。

図表3−15：A社の×2年度末のBS（その他資本剰余金を配当した場合）

資産	1,910	負債	1,500
（内のれん）	（950）		
		資本金	150
		資本準備金	150
		その他資本剰余金	0
		その他利益剰余金	110

当期利益：10
のれんの償却：20年償却（年50）

　その他資本剰余金から配当を実施したので、その他資本剰余金の残高はすでにありません。その他利益剰余金のほうは、前期末の残高に当期利益10を加えた110となっています。のれんは、先ほどと同じように20年で償却されています。

　この BS により×2年度末時点の分配可能額を計算してみましょう。

　まず、「のれん等調整額−資本等金額」を求めます。

　① 950÷2−300＝175

　次に、「その他資本剰余金＋繰延資産」を求めます。繰延資産はないので、

　② 0＋0＝0

となります。

　①②のうち小さいほうが控除額です（ただし、その額が0以下の場合はゼロとします）。したがって、0が控除額です。控除額が計算できたので、今度は剰余金（その他資本剰余金＋その他利益剰余金）の額を求めます。

　0＋110＝110

そして分配可能額を求めます。

「剰余金の額－のれん等調整額に係る控除額」ですので

110－0＝110

となり、分配可能額は110ということです。

　このように結果は違ってきました。その他利益剰余金から配当したケースでは、分配可能額は10でした。一方、その他資本剰余金から配当したケースでは分配可能額は110です。×1年度の配当原資の選択によって、×2年度の配当の額が大きく左右されるのです。分配可能額が十分にない企業の場合、このようなことも起こりうるということは覚えておいてよいかもしれません。

　だからといって、その他資本剰余金から先に配当することを薦めているわけではありません。その他資本剰余金からの配当というのは、配当を受け取る側にはあまり嬉しくないことがあるのです。それは、収益に計上できないということです。

　普通、受取配当金というのは営業外収益の一項目として収益計上されます。しかし、その他資本剰余金を原資とする配当の場合はそうではありません。投資有価証券の簿価を減額する会計処理となるのです。収益は計上されません。

　これは法人の場合、気をつけなければいけない点です。例えば、子会社に配当を実施させ、親会社が多額の配当金を受け取ったとします。親会社ではこれを堂々と収益計上し、黒字を確保したとします。ところが、それから1年たって、その多額の配当金がその他資本剰余金から分配されたことを、親会社が知ったとします。

　すると、親会社で収益計上した受取配当金は、実は収益計上できないものだったということになるのです。これは明らかに会計基準に抵触するので、過年度の決算を訂正しないわけにはいきません。玉突きで、過年度における親会社の分配可能額も変わってきます。そういう大変な事態になるのです。

　実際に現金がきちんと動いているだけに気づきにくいことなのですが、配当というのは受け取る側も気をつけなければいけないことがあるのです。

第4章

10問でマスターする
分配可能額

1 「剰余金の額＝分配可能額」のケース

　この章では、問題演習の形式により、分配可能額算定の基本を確認していきます。以下、具体例でみていきましょう。

> 　次の〔資料Ⅰ〕に基づいて、A社のX1年度（X1年4月1日～X2年3月31日）に係る X2年6月28日の定時株主総会日（配当の効力発生日とする）における分配可能額を求めよ。

〔資料Ⅰ〕

貸借対照表
X2年3月31日

(単位：百万円)

現金及び預金	850	買掛金	3,164
売掛金	5,130	短期借入金	2,000
商品	2,920	未払費用	562
工具器具備品	1,500	未払法人税等	464
		役員賞与引当金	320
		資本金	1,000
		資本準備金	150
		その他資本剰余金	120
		利益準備金	100
		別途積立金	1,860
		繰越利益剰余金	660
	10,400		10,400

解答

〔資料I〕

貸借対照表

X2年3月31日　　　　　　　　　（単位：百万円）

現金及び預金	850	買掛金	3,164
売掛金	5,130	短期借入金	2,000
商品	2,920	未払費用	562
工具器具備品	1,500	未払法人税等	464
		役員賞与引当金	320
		資本金	1,000
		資本準備金	150
		その他資本剰余金	120
		利益準備金	100
		別途積立金	1,860
		繰越利益剰余金	660
	10,400		10,400

分配可能額の算定

その他資本剰余金		120
その他利益剰余金		
別途積立金	1,860	
繰越利益剰余金	660	2,520
分配可能額		2,640

　最も基本的な知識を確認するための問題です。分配可能額の核となる「その他資本剰余金」と「その他利益剰余金」が、貸借対照表のどこに載っているのかを確認してください。

155

2 その他有価証券評価差額金（マイナス残）があるケース

次の〔資料I〕に基づいて、A社のX1年度（X1年4月1日～X2年3月31日）に係る X2年6月28日の定時株主総会日（配当の効力発生日とする）における分配可能額を 求めよ。

〔資料I〕

貸借対照表
X2年3月31日
（単位：百万円）

現金及び預金	600	買掛金	3,164
売掛金	4,130	短期借入金	2,000
商品	2,920	未払費用	562
工具器具備品	1,500	未払法人税等	464
投資有価証券	1,200	役員賞与引当金	320
		資本金	1,000
		資本準備金	150
		その他資本剰余金	120
		利益準備金	100
		別途積立金	1,860
		繰越利益剰余金	660
		その他有価証券評価差額金	△ 50
	10,350		10,350

156

解答

〔資料I〕

貸借対照表
X2年3月31日
(単位：百万円)

現金及び預金	600	買掛金	3,164
売掛金	4,130	短期借入金	2,000
商品	2,920	未払費用	562
工具器具備品	1,500	未払法人税等	464
投資有価証券	1,200	役員賞与引当金	320
		資本金	1,000
		資本準備金	150
		その他資本剰余金	120
		利益準備金	100
		別途積立金	1,860
		繰越利益剰余金	660
		その他有価証券評価差額金	△ 50
	10,350		10,350

分配可能額の算定

その他資本剰余金		120
その他利益剰余金		
別途積立金	1,860	
繰越利益剰余金	660	2,520
その他有価証券評価差額金		− 50
分配可能額		2,590

その他有価証券評価差額金がマイナスの場合、剰余金の額から差し引くことを忘れないようにしましょう。

3 その他有価証券評価差額金（プラス残）があるケース

次の〔資料Ⅰ〕に基づいて、A社のX1年度（X1年4月1日〜X2年3月31日）に係るX2年6月28日の定時株主総会日（配当の効力発生日とする）における分配可能額を求めよ。

〔資料Ⅰ〕

貸借対照表
X2年3月31日
（単位：百万円）

現金及び預金	600	買掛金	3,164
売掛金	4,130	短期借入金	2,000
商品	2,920	未払費用	562
工具器具備品	1,500	未払法人税等	464
投資有価証券	1,400	役員賞与引当金	320
		資本金	1,000
		資本準備金	150
		その他資本剰余金	120
		利益準備金	100
		別途積立金	1,860
		繰越利益剰余金	660
		その他有価証券評価差額金	150
	10,550		10,550

解答

〔資料I〕

貸借対照表

X2年3月31日 （単位：百万円）

現金及び預金	600	買掛金	3,164
売掛金	4,130	短期借入金	2,000
商品	2,920	未払費用	562
工具器具備品	1,500	未払法人税等	464
投資有価証券	1,400	役員賞与引当金	320
		資本金	1,000
		資本準備金	150
		その他資本剰余金	120
		利益準備金	100
		別途積立金	1,860
		繰越利益剰余金	660
		その他有価証券評価差額金	150
	10,550		10,550

分配可能額の算定

その他資本剰余金		120
その他利益剰余金		
別途積立金	1,860	
繰越利益剰余金	660	2,520
分配可能額		2,640

その他有価証券評価差額金がプラスの場合、それを考慮する必要はありません。

4 自己株式があるケース

次の〔資料I〕に基づいて、A社のX1年度（X1年4月1日〜X2年3月31日）に係る X2年6月28日の定時株主総会日（配当の効力発生日とする）における分配可能額を 求めよ。

〔資料I〕

貸借対照表
X2年3月31日
(単位：百万円)

現金及び預金	550	買掛金	3,164
売掛金	5,130	短期借入金	2,000
商品	2,920	未払費用	562
工具器具備品	1,500	未払法人税等	464
		役員賞与引当金	320
		資本金	1,000
		資本準備金	150
		その他資本剰余金	120
		利益準備金	100
		別途積立金	1,860
		繰越利益剰余金	660
		自己株式	△300
	10,100		10,100

160

解答

〔資料I〕

貸借対照表
X2年3月31日
(単位:百万円)

現金及び預金	550	買掛金	3,164
売掛金	5,130	短期借入金	2,000
商品	2,920	未払費用	562
工具器具備品	1,500	未払法人税等	464
		役員賞与引当金	320
		資本金	1,000
		資本準備金	150
		その他資本剰余金	120
		利益準備金	100
		別途積立金	1,860
		繰越利益剰余金	660
		自己株式	△ 300
	10,100		10,100

分配可能額の算定

その他資本剰余金		120
その他利益剰余金		
別途積立金	1,860	
繰越利益剰余金	660	2,520
自己株式		− 300
分配可能額		2,340

　期末に自己株式残高がある場合、その額を剰余金の額から控除します。
第2章で解説した Shortcut による解法です。

5 期末日後に自己株式の売却と取得があるケース

次の〔資料Ⅰ〕と〔資料Ⅱ〕に基づいて、A社のX1年度（X1年4月1日〜X2年3月31日）に係るX2年6月28日の定時株主総会日（配当の効力発生日とする）における分配可能額を求めよ。

〔資料Ⅰ〕

貸借対照表
X2年3月31日
（単位：百万円）

現金及び預金	550	買掛金	3,164
売掛金	5,130	短期借入金	2,000
商品	2,920	未払費用	562
工具器具備品	1,500	未払法人税等	464
		役員賞与引当金	320
		資本金	1,000
		資本準備金	150
		その他資本剰余金	120
		利益準備金	100
		別途積立金	1,860
		繰越利益剰余金	660
		自己株式	△300
	10,100		10,100

〔資料Ⅱ〕

① X2年5月10日に自己株式130百万円を140百万円で売却した。

② X2年5月31日に自己株式を120百万円で取得した。

解答（会社法の条文どおりに計算する方法）

〔資料I〕

貸借対照表

X2年3月31日

(単位：百万円)

現金及び預金	550	買掛金	3,164
売掛金	5,130	短期借入金	2,000
商品	2,920	未払費用	562
工具器具備品	1,500	未払法人税等	464
		役員賞与引当金	320
		資本金	1,000
		資本準備金	150
		その他資本剰余金	120
		利益準備金	100
		別途積立金	1,860
		繰越利益剰余金	660
		自己株式	△300
	10,100		10,100

〔資料II〕

①X2年5月10日に自己株式130百万円を140百万円で売却した。

②X2年5月31日に自己株式を120百万円で取得した。

分配可能額の算定

その他資本剰余金		120
その他利益剰余金		
別途積立金	1,860	
繰越利益剰余金	660	2,520
自己株式処分差額		10 　：140－130により求める
分配時の自己株式残高		－290 ：300－130＋120により求める
自己株式処分対価額		－140
分配可能額		2,220

163

解答 (Shortcut)

〔資料Ⅰ〕

貸借対照表
X2年3月31日　　　　　　　（単位：百万円）

現金及び預金	550	買掛金	3,164
売掛金	5,130	短期借入金	2,000
商品	2,920	未払費用	562
工具器具備品	1,500	未払法人税等	464
		役員賞与引当金	320
		資本金	1,000
		資本準備金	150
		その他資本剰余金	120
		利益準備金	100
		別途積立金	1,860
		繰越利益剰余金	660
		自己株式	△300
	10,100		10,100

〔資料Ⅱ〕

① X2年5月10日に自己株式130百万円を140百万円で売却した。

② X2年5月31日に自己株式を120百万円で取得した。

分配可能額の算定

その他資本剰余金		120
その他利益剰余金		
別途積立金	1,860	
繰越利益剰余金	660	2,520
期末日の自己株式残高		－300
期末日後の自己株式取得額		－120
分配可能額		2,220

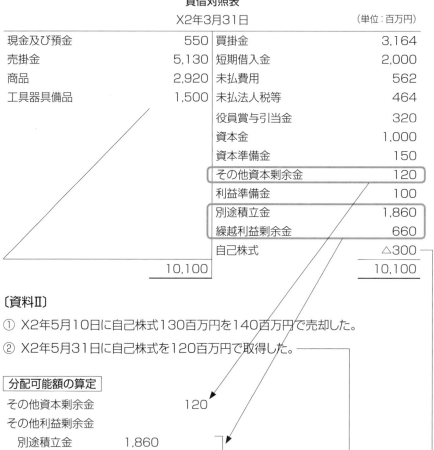

会社法の条文どおりに計算する方法と Shortcut を比べてみると、どちらが解きやすいかは一目瞭然です。

分配可能額の算定（会社法の条文どおりに計算する方法）

その他資本剰余金		120
その他利益剰余金		
別途積立金	1,860	
繰越利益剰余金	660	2,520
自己株式処分差額		10
分配時の自己株式残高		－ 290
自己株式処分対価額		－ 140
分配可能額		2,220

分配可能額の算定（Shortcut）

その他資本剰余金		120
その他利益剰余金		
別途積立金	1,860	
繰越利益剰余金	660	2,520
期末日の自己株式残高		－ 300
期末日後の自己株式取得額		－ 120
分配可能額		2,220

　Shortcut では、剰余金の額を求めた後、期末の自己株式残高と期末日後の自己株式取得額を差し引くだけです。問題文の〔資料Ⅱ〕には、期末日後に自己株式を売却したとありますが、Shortcut ではそれを一切考慮に入れる必要がありません。その点が、大きな違いです。

6 のれん及び繰延資産があるケース（パターン①）

次の〔資料I〕に基づいて、A社のX1年度（X1年4月1日〜X2年3月31日）に係るX2年6月28日の定時株主総会日（配当の効力発生日とする）における分配可能額を求めよ。

〔資料I〕

貸借対照表
X2年3月31日
（単位：百万円）

現金及び預金	850	買掛金	3,264
売掛金	5,130	短期借入金	3,000
商品	2,920	未払費用	812
工具器具備品	1,500	未払法人税等	464
のれん	1,000	役員賞与引当金	320
開発費	350	資本金	1,000
		資本準備金	150
		その他資本剰余金	120
		利益準備金	100
		別途積立金	1,860
		繰越利益剰余金	660
	11,750		11,750

166

解答

〔資料I〕

貸借対照表
X2年3月31日 （単位：百万円）

現金及び預金	850	買掛金	3,264
売掛金	5,130	短期借入金	3,000
商品	2,920	未払費用	812
工具器具備品	1,500	未払法人税等	464
のれん	1,000	役員賞与引当金	320
開発費	350	資本金	1,000
		資本準備金	150
		その他資本剰余金	120
		利益準備金	100
		別途積立金	1,860
		繰越利益剰余金	660
	11,750		11,750

これらの項目から

のれん等調整額に係る控除額を計算する

　貸借対照表に、のれんと開発費があります。開発費は繰延資産です。分配可能額を求めるには、この二つの項目について、剰余金からの控除額（のれん等調整額に係る控除額）がいくらになるかを計算する必要があります。その上で、剰余金の額を求めて、のれん等調整額に係る控除額を除くことにより、分配可能額を求めます。

のれん等調整額に係る控除額

のれん等調整額

のれんの額の2分の1	500	…1,000÷2により求める
開発費	350	
	850	…A

資本等金額

資本金	1,000	
資本準備金	150	
利益準備金	100	
	1,250	…B

その他資本剰余金　　　　　120 …C

A－B　　　　　　　　　　－400

以上より

　　(A－B) ≦0のパターン

よって減額すべき額は零

0

　本問では A－B が負数になるため、剰余金から減額すべき額はゼロと判定されます。

分配可能額の算定

その他資本剰余金		120
その他利益剰余金		
別途積立金	1,860	
繰越利益剰余金	660	2,520
のれん等調整額に係る控除額		0
分配可能額		2,640

　減額すべき額がゼロなので、あとはのれん等のことは考えずに剰余金の額を求めれば、それが分配可能額になります。

　上記のとおり、その他資本剰余金とその他利益剰余金を合計し、のれん等調整額に係る控除額をゼロと置けば、答えが出ます。

7 のれん及び繰延資産が あるケース（パターン②）

次の〔資料I〕に基づいて、A社のX1年度（X1年4月1日〜X2年3月31日）に係る X2年6月28日の定時株主総会日（配当の効力発生日とする）における分配可能額を 求めよ。

〔資料I〕

貸借対照表
X2年3月31日
（単位：百万円）

現金及び預金	850	買掛金	3,264
売掛金	4,130	短期借入金	3,000
商品	2,920	未払費用	812
工具器具備品	1,500	未払法人税等	464
のれん	2,000	役員賞与引当金	320
開発費	350	資本金	1,000
		資本準備金	150
		その他資本剰余金	120
		利益準備金	100
		別途積立金	1,860
		繰越利益剰余金	660
	11,750		11,750

170

解答

〔資料I〕

貸借対照表

X2年3月31日　　　　　　　　　　　　　　　（単位：百万円）

現金及び預金	850	買掛金	3,264
売掛金	4,130	短期借入金	3,000
商品	2,920	未払費用	812
工具器具備品	1,500	未払法人税等	464
のれん	2,000	役員賞与引当金	320
開発費	350	資本金	1,000
		資本準備金	150
		その他資本剰余金	120
		利益準備金	100
		別途積立金	1,860
		繰越利益剰余金	660
	11,750		11,750

これらの項目から

のれん等調整額に係る控除額を求める

のれんと開発費（繰延資産）について、剰余金からの控除額がいくらになるかを計算する必要があります。その上で、剰余金の額を求めて、のれん等調整額に係る控除額を除くことにより、分配可能額を求めます。

のれん等調整額に係る控除額

のれん等調整額

のれんの額の2分の1	1,000	…2,000÷2により求める
開発費	350	
	1,350	…A

資本等金額

資本金	1,000	
資本準備金	150	
利益準備金	100	
	1,250	…B

その他資本剰余金　　　　　　　120　…C

A－B　　　　　　　　　　　　100

以上より

　0＜（A－B）≦Cのパターン

よって減額すべき額は以下のとおり

A－B＝　100

分配可能額の算定

その他資本剰余金		120
その他利益剰余金		
別途積立金	1,860	
繰越利益剰余金	660	2,520
のれん等調整額に係る控除額		－100 ◀
分配可能額		2,540

　本問では、A－Bが「0より大きくその他資本剰余金以下である」というパターンになります。その場合、減額すべき額はA－Bとなり、その額を剰余金から控除して分配可能額を求めます。

172

控除すべき額を Shortcut で求めると以下のようになります。

Shortcut

最初から機械的に以下の金額を求める。

① A－B＝100

② C＋K（繰延資産）＝470

上記①②のうち、小さいほうがのれん等調整額に係る控除額なので、控除額は100となる。

分配可能額の算定（Shortcut）

その他資本剰余金		120
その他利益剰余金		
別途積立金	1,860	
繰越利益剰余金	660	2,520
のれん等調整額に係る控除額		−100 ◀
分配可能額		2,540

やはり、Shortcut のほうが簡単に求められます。

173

8 のれん及び繰延資産があるケース（パターン③i）

次の〔資料I〕に基づいて、A社のX1年度（X1年4月1日〜X2年3月31日）に係るX2年6月28日の定時株主総会日（配当の効力発生日とする）における分配可能額を求めよ。

〔資料I〕

貸借対照表
X2年3月31日 （単位：百万円）

現金及び預金	1,450	買掛金	3,264
売掛金	3,130	短期借入金	3,000
商品	2,920	未払費用	812
工具器具備品	1,500	未払法人税等	464
のれん	2,400	役員賞与引当金	320
開発費	350	資本金	1,000
		資本準備金	150
		その他資本剰余金	120
		利益準備金	100
		別途積立金	1,860
		繰越利益剰余金	660
	11,750		11,750

174

解答

〔資料I〕

貸借対照表
X2年3月31日 （単位：百万円）

現金及び預金	1,450	買掛金	3,264
売掛金	3,130	短期借入金	3,000
商品	2,920	未払費用	812
工具器具備品	1,500	未払法人税等	464
のれん	2,400	役員賞与引当金	320
開発費	350	資本金	1,000
		資本準備金	150
		その他資本剰余金	120
		利益準備金	100
		別途積立金	1,860
		繰越利益剰余金	660
	11,750		11,750

これらの項目から

のれん等調整額に係る控除額を計算する

のれんと開発費（繰延資産）について、剰余金からの控除額がいくらになる
かを計算する必要があります。その上で、剰余金の額を求めて、のれん等
調整額に係る控除額を除くことにより、分配可能額を求めます。

のれん等調整額に係る控除額

のれん等調整額

のれんの額の2分の1	1,200	…N＝2,400÷2
開発費	350	…K
	1,550	…A

資本等金額

資本金	1,000	
資本準備金	150	
利益準備金	100	
	1,250	…B

その他資本剰余金　　　　120 …C

A－B	300
B＋C	1,370

以上より

　C＜（A－B）のパターン

よって減額すべき額は以下のとおり

N≦（B＋C）なら	A－B＝	300	こちらに該当
（B＋C）＜Nなら	C＋K＝	470	

分配可能額の算定

その他資本剰余金		120
その他利益剰余金		
別途積立金	1,860	
繰越利益剰余金	660	2,520
のれん等調整額に係る控除額		－300
分配可能額		2,340

　本問は、A－Bがその他資本剰余金を超えるケースなので、さらに場合分けをして控除額を求めています。

Shortcut を使ってのれん等調整額に係る控除額を求めると、以下のとおり、簡単に答えにたどり着くことができます。

Shortcut

最初から機械的に以下の金額を求める。

① A － B ＝300

② C ＋ K ＝470

上記①②のうち、小さいほうがのれん等調整額に係る控除額なので、控除額は300である。

分配可能額の算定 (Shortcut)

その他資本剰余金		120
その他利益剰余金		
別途積立金	1,860	
繰越利益剰余金	660	2,520
のれん調整額に係る控除額		−300
分配可能額		2,340

9 のれん及び繰延資産があるケース（パターン③ii）

次の〔資料Ⅰ〕に基づいて、A社のX1年度（X1年4月1日～X2年3月31日）に係るX2年6月28日の定時株主総会日（配当の効力発生日とする）における分配可能額を求めよ。

〔資料Ⅰ〕

貸借対照表
X2年3月31日
（単位：百万円）

現金及び預金	850	買掛金	3,264
売掛金	3,130	短期借入金	3,000
商品	2,920	未払費用	812
工具器具備品	1,500	未払法人税等	464
のれん	3,000	役員賞与引当金	320
開発費	350	資本金	1,000
		資本準備金	150
		その他資本剰余金	120
		利益準備金	100
		別途積立金	1,860
		繰越利益剰余金	660
	11,750		11,750

178

解答

〔資料I〕

貸借対照表
X2年3月31日
（単位：百万円）

現金及び預金	850	買掛金	3,264
売掛金	3,130	短期借入金	3,000
商品	2,920	未払費用	812
工具器具備品	1,500	未払法人税等	464
のれん	3,000	役員賞与引当金	320
開発費	350	資本金	1,000
		資本準備金	150
		その他資本剰余金	120
		利益準備金	100
		別途積立金	1,860
		繰越利益剰余金	660
	11,750		11,750

これらの項目から

のれん等調整額に係る控除額を計算する

　のれんと開発費（繰延資産）について、剰余金からの控除額がいくらになるかを計算する必要があります。その上で、剰余金の額を求めて、のれん等調整額に係る控除額を除くことにより、分配可能額を求めます。

のれん等調整額に係る控除額

のれん等調整額

のれんの額の2分の1	1,500	…N＝3,000÷2
開発費	350	…K
	1,850	…A

資本等金額

資本金	1,000	
資本準備金	150	
利益準備金	100	
	1,250	…B

その他資本剰余金　　　　　　120 …C

A－B　　　　　　　　　　　600
B＋C　　　　　　　　　　1,370

以上より

C＜(A－B) のパターン

よって減額すべき額は以下のとおり

N≦(B＋C) なら　A－B＝　600
(B＋C)＜N なら　C＋K＝　470　こちらに該当 ──┐

分配可能額の算定

その他資本剰余金		120
その他利益剰余金		
別途積立金	1,860	
繰越利益剰余金	660	2,520
のれん等調整額に係る控除額		−470 ◄──
分配可能額		2,170

本問は、前問同様に A － B がその他資本剰余金を超えるケースなので、さらに場合分けをして控除額を求めています。

　Shortcut を使ってのれん等調整額に係る控除額を求めると、以下のとおり、簡単に答えにたどり着くことができます。

Shortcut

最初から機械的に以下の金額を求める。

① A － B ＝600

② C ＋ K ＝470

①②二つのうち、小さいほうがのれん等調整額に係る控除額なので、控除額は470である。

分配可能額の算定（Shortcut）

その他資本剰余金		120
その他利益剰余金		
別途積立金	1,860	
繰越利益剰余金	660	2,520
のれん等調整額に係る控除額		−470 ◀
分配可能額		2,170

10 剰余金の配当がある ケース

次の〔資料Ⅰ〕に加えて、期末日（最終事業年度末日、X2年3月31日）から配当発効日までの間に、〔資料Ⅱ〕の取引があった場合の分配可能額を求めよ。

〔資料Ⅰ〕

貸借対照表
X2年3月31日

(単位：百万円)

現金及び預金	850	買掛金	3,164
売掛金	5,130	短期借入金	2,000
商品	2,920	未払費用	562
工具器具備品	1,500	未払法人税等	464
		役員賞与引当金	320
		資本金	1,200
		資本準備金	150
		その他資本剰余金	120
		利益準備金	100
		別途積立金	1,860
		繰越利益剰余金	460
	10,400		10,400

〔資料Ⅱ〕

剰余金の配当

① その他利益剰余金からの配当実施（200百万円）

② 準備金（会社法規定の最低額）の積立て

解答

〔資料Ⅰ〕

貸借対照表
X2年3月31日　　　　　　　（単位：百万円）

現金及び預金	850	買掛金	3,164
売掛金	5,130	短期借入金	2,000
商品	2,920	未払費用	562
工具器具備品	1,500	未払法人税等	464
		役員賞与引当金	320
		資本金	1,200
		資本準備金	150
		その他資本剰余金	120
		利益準備金	100
		別途積立金	1,860
		繰越利益剰余金	460
	10,400		10,400

〔資料Ⅱ〕

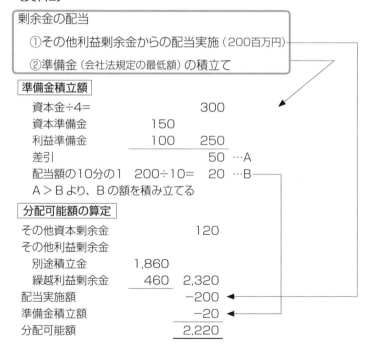

剰余金の配当
　①その他利益剰余金からの配当実施（200百万円）
　②準備金（会社法規定の最低額）の積立て

準備金積立額
　資本金÷4＝　　　　　　　300
　資本準備金　　　150
　利益準備金　　　100　　　250
　差引　　　　　　　　　　　50　…A
　配当額の10分の1　200÷10＝　20　…B
　A＞Bより、Bの額を積み立てる

分配可能額の算定
　その他資本剰余金　　　　　120
　その他利益剰余金
　　別途積立金　　1,860
　　繰越利益剰余金　460　　2,320
　配当実施額　　　　　　　 －200
　準備金積立額　　　　　　　－20
　分配可能額　　　　　　　2,220

準備金の取崩しがあるケース

　本章では、分配可能額算定の基本的計算問題を10問解いていただきました。1テーマ1問という形で作問していますので、これらをすべてマスターすれば、基本的なパターンに対応する力はつくはずです。ただし、分配可能額の算定実務においては、本章の10問以外のテーマに出くわすこともあると思います。そこで、そうしたテーマの中でも比較的に目にすることが多いものを、設問形式で一つ紹介します。準備金の取崩しが行われるケースです。

[問題]

　S社の×5年3月31日の貸借対照表（純資産の部）は[資料I]のとおりである。また、同社は×5年6月の定時株主総会で[資料II]の決議を行う。これ以外の条件は無視するものとして、×5年6月の分配直前の分配可能額を求めよ（[資料I]及び[資料II]ともに単位は百万円）。

[資料I]

資本金　9,903
資本準備金　10,708
利益準備金　244
その他利益剰余金　123（内訳：別途積立金6,600、繰越利益剰余金△6,476）
自己株式　△525
その他有価証券評価差額金　936（貸方残）

[資料II]

[第1号議案]：資本準備金及び利益準備金の額の減少の件（要旨のみ）

会社法448条1項の規定により、資本準備金及び利益準備金の額を減少し、それぞれ、その他資本剰余金及び繰越利益剰余金に振り替える。

減少する資本準備金の額：10,708のうち2,000

資本準備金の額の減少の効力発生日：×5年6月26日

減少する利益準備金の額：244全額

利益準備金の額の減少の効力発生日：×5年6月26日

第2号議案：剰余金の処分の件（要旨のみ）

配当総額：332

剰余金の配当の効力発生日：×5年6月29日

注：準備金の額の減少に係る債権者保護手続は×5年6月25日までに終了しているものとする

解答

分配時の分配可能額：1,842

解説

　まず、期末日現在の剰余金の額を求めます。以下のとおり、その他利益剰余金の額から自己株式の残高を控除します。

123－525＝－402

　この額がマイナスということは、欠損の状態であることを意味しています。これでは分配することができません。そこで、準備金を取り崩す必要性が出てくるのです。

　準備金を取り崩すケースというのは、だいたいこのようなケースです。業績が悪化して繰越利益剰余金が急激に減り、期末時点では分配可能額がマイナスであるといったようなケースです。それでも安定配当を行っていくために、準備金を取り崩して配当財源を確保するのです。

この設問でも、総会の第1号議案で準備金の取崩しを行います。これは分配可能額の算定上、最終事業年度末日後の株主資本の計数の変動に該当します。準備金を減少させて剰余金を増加させるため、分配可能額を増やすことになります。計算は以下のとおり、さきほど求めた額に準備金の取崩し額を加算します。

$$-402+2,000+244=1,842$$

この額が分配可能額になります。

なお、準備金を取り崩すには、株主総会の決議に加えて、債権者保護手続も必要となります。問題文の末尾に注書きされている事項は、そのことを指しています。

また、資料Ⅱの第2号議案では、332を配当することを決議しますが、この配当はその他資本剰余金とその他利益剰余金のいずれから払うことも可能となっています。

その他資本剰余金残高は、資本準備金を取り崩した結果、2,000となり、その他利益剰余金は、利益準備金を取り崩した結果、367となりました。配当総額は332なので、いずれからも支払うことができるとわかります。

第 **5** 章

難関試験問題に
チャレンジ

1 試験問題の構造を見る

　本章では、ここまでに身につけた知識を試すために、会計系の資格試験で実際に出題された分配可能額の計算問題を解いてみたいと思います。分配可能額の算定問題は、会計系の資格試験において必ずしも頻繁には出題されていませんが、出題範囲には含まれており、実際に以下のような出題事例があります。

平成26年公認会計士試験第Ⅱ回短答式財務会計論

平成27年 (第65回) 税理士試験簿記論

平成27年 (第140回) 日商簿記1級会計学

　いずれも難関試験ですので、本書のここまでの知識では歯が立たないのではと思うかもしれませんが、そんなことはありません。特に前章の10問を完全にマスターした人は、上記の三つの試験問題は難なく解けます。

　その理由を説明します。

　図表5-1を見てください。この表は、三つの試験問題の構成要素を一覧にしたものです。分配可能額を算定させる問題の構成要素を列挙し、それらのうち該当する要素に○印をつけてあります。

　問題の構成要素は全部で12個あります。このうちの1から10の構成要素は、前章の10問に対応しています。残り二つの構成要素はだましの要素です。すなわち、分配可能額の算定上直接は関係してこない要素です。したがって、前章の10問をマスターしていれば、あとはそれらの組合せにすぎないというのが上記三つの過去問なのです。

　図表5-1で、三つの過去問のそれぞれに○がいくつ付されているかを見ると、難易度がわかります。この表で見る限り、一番難しかったのは税理士試験だっ

188

たとわかります。1〜10の構成要素のうち七つの要素が含まれています。公認会計士試験と日商簿記1級では、公認会計士試験のほうが○印が多いですが、だましの要素を除けばほとんど差がありません。公認会計士試験の方が5択問題であることも考えると、難易度は同程度でしょう。

図表5-1　会計系の資格試験における試験問題構成要素

第4章で対応する問題番号	問題の構成要素	日商簿記1級平成27年（第140回）	税理士試験平成27年（第65回）	公認会計士試験平成26年第Ⅱ回短答式
1	「剰余金の額＝分配可能額」	○	○	○
2	その他有価証券評価差額金（マイナス残）がある	○	○	○
3	その他有価証券評価差額金（プラス残）がある		○ ＊	
4	自己株式がある	○	○	○
5	期末日後に自己株式の売却と取得がある		○	○
6	のれん及び繰延資産がある（A−B）≦0のパターン			
7	のれん及び繰延資産がある0＜（A−B）≦Cのパターン	○		○
8	のれん及び繰延資産があるC＜（A−B）、かつN≦（B+C）のパターン			
9	のれん及び繰延資産があるC＜（A−B）、かつ（B+C）＜Nのパターン		○	
10	剰余金の配当がある		○	
—	新株予約権の残高がある	○		○
—	PLに資産の評価益を計上した旨の注書きあり			○

（注）

＊…土地再評価差額金の貸方残

[　　]　分配可能額に影響を及ぼさないことを知っているかどうかを試す問題

[■■]　「だましの要素」であり、分配可能額の計算には基本的には無関係と考えてよい

——　第4章の問題でテーマとして取り上げていないもの（分配可能額に無関係のため）

なお、**図表5－1** (注) に挙げた「だましの要素」について一応説明しておきます。

まず、新株予約権の残高があるというものです。新株予約権残高は分配可能額の算定に影響しないわけではありません。しかしながら、それが影響するのは、まれなケースです。純資産300万円基準に係る分配規制のところです。算定シート (スタンダード版) のSheet9をもう一度確認してみてください。新株予約権の残高を入力する欄があります。これ以外のSheetには新株予約権の残高を入力するところはありませんので、結局、300万円基準に抵触しない限り新株予約権の残高は気にしなくてよいことになります。これがだましの要素であるといったのはそういう意味です。

もう一つのだましの要素は、損益計算書で資産 (有価証券) の評価益を計上した旨の注書きが問題文にあるというものです。これは会社法制定以前の旧商法の時代において、そのような評価益を配当可能利益 (会社法でいうところの分配可能額にあたる概念) から控除していたことを念頭に置いた条件設定です。会社法においては正規の決算手続において利益に計上されている以上はこれを分配可能額から除くということはしていませんので、だましの要素ということになります。ただし、旧商法の時代のことを知らない人にとっては、あまりだましの効果はないでしょう。

以上、前置きが長くなりましたが、早速、過去問にチャレンジして力試しをしてみましょう。

2 試験問題にチャレンジ

1 公認会計士試験過去問～平成26年第Ⅱ回短答式財務会計論

1 問題と解答

　次の〔資料Ⅰ〕と〔資料Ⅱ〕に基づいて、A社のX1年度（X1年4月1日～X2年3月31日）に係るX2年6月28日の定時株主総会日（配当の効力発生日とする）における分配可能額について正しい金額の番号を一つ選びなさい。なお、A社は連結配当規制適用会社ではない。

〔資料Ⅰ〕

貸借対照表
X2年3月31日
（単位：百万円）

現金及び預金	650	買掛金	4,942
売掛金	4,500	短期借入金	4,580
有価証券	3,590	未払費用	1,425
商品	3,550	未払法人税等	510
工具器具備品	850	役員賞与引当金	125
のれん	2,200	資本金	2,000
投資有価証券	1,280	資本準備金	200
開発費	1,580	その他資本剰余金	340
		利益準備金	300
		別途積立金	2,950
		繰越利益剰余金	980
		自己株式	△244
		その他有価証券評価差額金	△68
		新株予約権	160
	18,200		18,200

（注）X1年度には売買目的有価証券評価差益38百万円を損益計算書に計上した。

191

〔資料Ⅱ〕

① X2年5月10日に自己株式124百万円を140百万円で売却した。

② X2年5月31日に自己株式を120百万円で取得した。

1. 3,620百万円　　2. 3,658百万円　　3. 3,726百万円

4. 3,778百万円　　5. 3,838百万円

公認会計士・監査審査会ウェブサイト
「平成26年公認会計士試験第Ⅱ回短答式試験の試験問題及び答案用紙について」
〔試験問題〕財務会計論 (http://www.fsa.go.jp/cpaaob/kouninkaikeishi-shiken/tantou_mondai26b/03.pdf) を元に作成

解答：

2. 3,658百万円

解説：

その他資本剰余金		340
その他利益剰余金		
別途積立金	2,950	
繰越利益剰余金	980	3,930
期末日の自己株式残高		－244
期末日後の自己株式取得額		－120
その他有価証券評価差額金		－68
のれん等調整額に係る控除額		－180
分配可能額		3,658

のれん等調整額に係る控除額 (Shortcut)

$$\underset{2,200×1/2+1,580(開発費)}{(のれん／2＋繰延資産)} － \underset{(2,000+200(資本準備金)+300(利益準備金))}{(資本金＋準備金)} ＝180$$

$$\underset{340}{その他資本剰余金}＋\underset{1,580(開発費)}{繰延資産}＝1,920$$

上記2つのうち、小さいほうがのれん等調整額に係る控除額　180

2 算定シート（イージー版）による算定結果

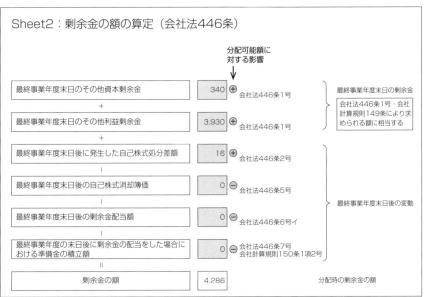

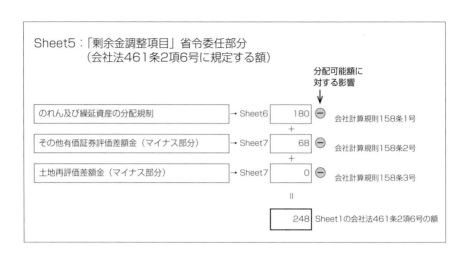

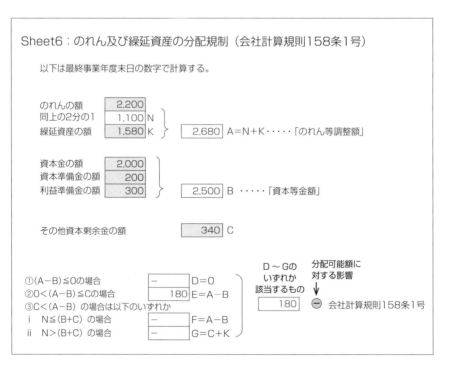

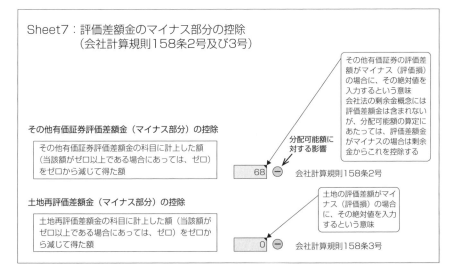

2 日商簿記1級過去問～平成27年（第140回）会計学

1 問題と解答

第2問　日本商工株式会社の最終事業年度末の貸借対照表における資産、負債および純資産の金額は次の [資料] のとおりである。この [資料] にもとづいて、下記の設問に答えなさい。

設問1　最終事業年度末における会社法上の剰余金の額を求めなさい。

設問2　最終事業年度末の資産にのれんと繰延資産が含まれていない場合の分配可能額を求めなさい。

設問3　最終事業年度末の資産にのれん72,000千円と繰延資産11,000千円が含まれている場合の分配可能額を求めなさい。

〔資料〕　最終事業年度末の貸借対照表における資産、負債および純資産の金額

資　　産　150,000　　　　　　　　　　　　　　　　　　　　（単位：千円）
負　　債　60,000
純 資 産　90,000
純資産の内訳：資本金　39,000
　　　　　　　資本準備金　1,900
　　　　　　　その他資本剰余金　9,800
　　　　　　　利益準備金　3,800
　　　　　　　任意積立金　9,500
　　　　　　　繰越利益剰余金　22,600
　　　　　　　その他有価証券評価差額金　1,500（借方残高）
　　　　　　　新株予約権　7,300
　　　　　　　自己株式　2,400（借方残高）

日本商工会議所掲載許可済―禁無断転載

解答：　　　　　　　　　　　　　　　※この解答例は、筆者が作成したものです。

設問1：41,900

設問2：38,000

設問3：35,700

第５章　難関試験問題にチャレンジ

設問1及び2解説：

その他資本剰余金		9,800
その他利益剰余金		
任意積立金	9,500	
繰越利益剰余金	22,600	32,100
期末日の自己株式残高		－2,400
その他有価証券評価差額金		－1,500
のれん等調整額に係る控除額		0
分配可能額		38,000

設問1の解答 41,900

設問2の解答

設問3解説：

その他資本剰余金		9,800
その他利益剰余金		
任意積立金	9,500	
繰越利益剰余金	22,600	32,100
期末日の自己株式残高		－2,400
その他有価証券評価差額金		－1,500
のれん等調整額に係る控除額		－2,300
分配可能額		35,700

のれん等調整額に係る控除額（Shortcut）

① （のれん／2＋繰延資産）－（資本金＋準備金）＝2,300
　　　72,000×1/2＋11,000　　　　－（39,000＋1,900（資本準備金）＋3,800（利益準備金））

②その他資本剰余金＋繰延資産＝20,800
　　9,800　　　　　11,000

①②のうち、小さいほうがのれん等調整額に係る控除額　2,300

2 算定シート（イージー版）による算定結果〜設問1及び2

Sheet5：「剰余金調整項目」省令委任部分（会社法461条2項6号に規定する額）

分配可能額に
対する影響

のれん及び繰延資産の分配規制 → Sheet6　　　0　⊖　会社計算規則158条1号

＋

その他有価証券評価差額金（マイナス部分）→ Sheet7　1,500　⊖　会社計算規則158条2号

＋

土地再評価差額金（マイナス部分）→ Sheet7　　　0　⊖　会社計算規則158条3号

＝

1,500　Sheet1の会社法461条2項6号の額

Sheet6：のれん及び繰延資産の分配規制（会社計算規則158条1号）

以下は最終事業年度末日の数字で計算する。

のれんの額　　　　　　　0
同上の2分の1　　　　　0 N
繰延資産の額　　　　　　0 K　　　　　0 A＝N＋K・・・・・「のれん等調整額」

資本金の額　　　39,000
資本準備金の額　　1,900
利益準備金の額　　3,800　　　44,700 B ・・・・・「資本等金額」

その他資本剰余金の額　　　　9,800 C

D～Gの　　分配可能額に
いずれか　　対する影響
該当するもの　↓

①（A－B）≦0の場合　　　　　　　0 D＝0
②0＜（A－B）≦Cの場合　　　　　－ E＝A－B　　　　　0　⊖　会社計算規則158条1号
③C＜（A－B）の場合は以下のいずれか
ⅰ　N≦（B＋C）の場合　　　　　－ F＝A－B
ⅱ　N＞（B＋C）の場合　　　　　－ G＝C＋K

Sheet7：評価差額金のマイナス部分の控除（会社計算規則158条2号及び3号）

その他有価証券評価差額金（マイナス部分）の控除

> その他有価証券評価差額金の科目に計上した額（当該額がゼロ以上である場合にあっては、ゼロ）をゼロから減じて得た額

| 1,500 | ⊖ | 会社計算規則158条2号 |

> その他有価証券の評価差額がマイナス（評価損）の場合に、その絶対値を入力するという意味
> 会社法の剰余金概念には評価差額金は含まれないが、分配可能額の算定にあたっては、評価差額金がマイナスの場合は剰余金からこれを控除する

分配可能額に対する影響

土地再評価差額金（マイナス部分）の控除

> 土地再評価差額金の科目に計上した額（当該額がゼロ以上である場合にあっては、ゼロ）をゼロから減じて得た額

| 0 | ⊖ | 会社計算規則158条3号 |

> 土地の評価差額がマイナス（評価損）の場合に、その絶対値を入力するという意味

3 算定シート（イージー版）による算定結果～設問3

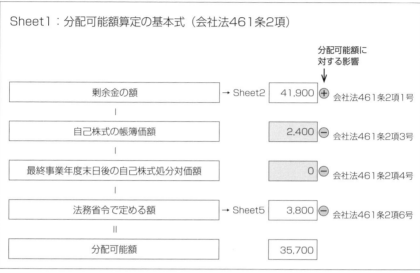

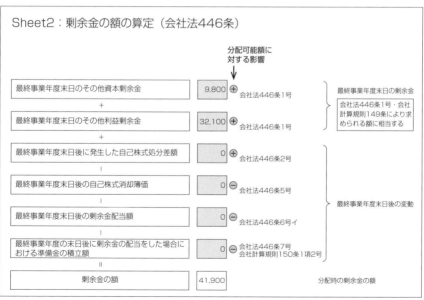

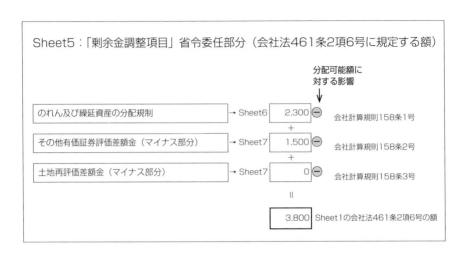

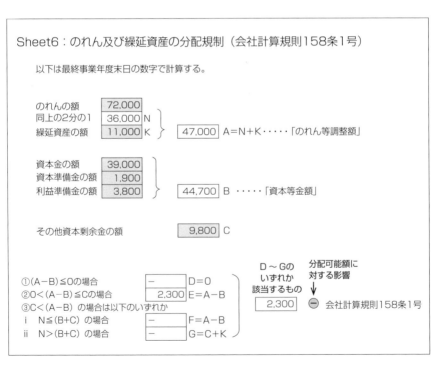

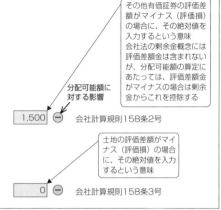

3 税理士試験過去問～平成27年（第65回）簿記論

1 問題と解答

問3　下記の資料に基づいて、次の問1～4に答えなさい。なお、各問に対する
　　必要な資料は、問ごとに個別に指示されているので、それに従うこと。

　1　【資料1】を前提として、期末における会社法規定による剰余金の分配可
　　能額を計算しなさい。

　　　(中略)

　3　【資料1】に加えて、さらに分配可能額計算上の最終の事業年度末日か
　　ら配当発効日までの間に、【資料3】の取引があった場合の会社法規定によ
　　る剰余金の分配可能額を計算しなさい。

　4　【資料4】を前提として、期末における会社法規定による剰余金の分配可
　　能額を計算しなさい。

【資料1】

貸借対照表

(単位：千円)

勘　定　科　目	金　額	勘　定　科　目	金　額
現　金　預　金	280,000	借　　入　　金	317,400
土　　　　　地	100,000	資　　本　　金	40,000
投　資　有　価　証　券	20,000	資　本　準　備　金	8,000
		その他資本剰余金	3,000
		利　益　準　備　金	1,600
		その他利益剰余金	40,000
		自　己　株　式	△ 10,000
合　　　　計	400,000	合　　　　計	400,000

204

【資料2】

（略）

【資料3】

1 剰余金の配当

① その他利益剰余金（5,000千円）からの配当の実施

② 準備金（会社法規定の最低額）の積立て

2 自己株式に関する取引

① 自己株式7,000千円の追加取得

② 自己株式（帳簿価額9,000千円）の12,000千円での処分

【資料4】

貸借対照表

（単位：千円）

勘 定 科 目	金 額	勘 定 科 目	金 額
現 金 預 金	140,000	借 入 金	315,400
土 地	100,000	資 本 金	40,000
の れ ん	120,000	資 本 準 備 金	8,000
投 資 有 価 証 券	20,000	その他資本剰余金	3,000
開 発 費	20,000	利 益 準 備 金	1,600
		その他利益剰余金	40,000
		自 己 株 式	△ 10,000
		その他有価証券評価差額金	△ 4,000
		土 地 再 評 価 差 額 金	6,000
合 計	400,000	合 計	400,000

205

解答：（問3-2は分配可能額の算定問題ではないため、省略）

問3-1：33,000

問3-3：20,600

問3-4：6,000

問3-1解説：

その他資本剰余金	3,000
その他利益剰余金	40,000
期末日の自己株式残高	− 10,000
分配可能額	33,000

問3-3解説：

その他資本剰余金	3,000
その他利益剰余金	40,000
期末日の自己株式残高	− 10,000
期末日の剰余金の配当	− 5,000
同上に伴う準備金の積立て	− 400
期末日後の自己株式取得額	− 7,000
分配可能額	20,600

剰余金の配当時の準備金の積立額

資本金×1／4＝	10,000
配当直前の準備金の額	9,600
差引	400

配当額×1／10＝	500

したがって、積み立てるべき額は	400

問3-4解説：

その他資本剰余金	3,000
その他利益剰余金	40,000
期末日の自己株式残高	− 10,000
その他有価証券評価差額金	− 4,000
のれん等調整額に係る控除額	− 23,000
分配可能額	6,000

のれん等調整額に係る控除額（Shortcut）

① （のれん／2＋繰延資産）−（資本金＋準備金）＝30,400

　　　120,000×1/2＋20,000（開発費）　　　−　（40,000＋8,000（資本準備金）＋1,600（利益準備金））

② その他資本剰余金＋繰延資産＝23,000

　　　3,000　　　20,000（開発費）

①②のうち、小さいほうがのれん等調整額に係る控除額　23,000

2 算定シート（イージー版）による算定結果～問3-1

Sheet1：分配可能額算定の基本式（会社法461条2項）

分配可能額に
対する影響

| 剰余金の額 | → Sheet2 | 43,000 | ⊕ 会社法461条2項1号 |

|

| 自己株式の帳簿価額 | | 10,000 | ⊖ 会社法461条2項3号 |

|

| 最終事業年度末日後の自己株式処分対価額 | | 0 | ⊖ 会社法461条2項4号 |

|

| 法務省令で定める額 | → Sheet5 | 0 | ⊖ 会社法461条2項6号 |

‖

| 分配可能額 | | 33,000 |

Sheet2：剰余金の額の算定（会社法446条）

分配可能額に
対する影響

最終事業年度末日のその他資本剰余金	3,000	⊕ 会社法446条1号	最終事業年度末日の剰余金

\+

会社法446条1号・会社
計算規則149条により求
められる額に相当する

| 最終事業年度末日のその他利益剰余金 | 40,000 | ⊕ 会社法446条1号 |

\+

| 最終事業年度末日後に発生した自己株式処分差額 | 0 | ⊕ 会社法446条2号 |

|

| 最終事業年度末日後の自己株式消却簿価 | 0 | ⊖ 会社法446条5号 | 最終事業年度末日後の変動 |

|

| 最終事業年度末日後の剰余金配当額 | 0 | ⊖ 会社法446条6号イ |

|

| 最終事業年度の末日後に剰余金の配当をした場合における準備金の積立額 | 0 | ⊖ 会社法446条7号 会社計算規則150条1項2号 |

‖

| 剰余金の額 | 43,000 | 分配時の剰余金の額 |

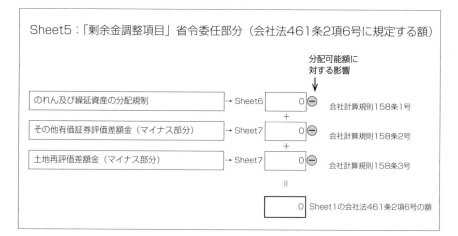

Sheet7：評価差額金のマイナス部分の控除（会社計算規則158条2号及び3号）

その他有価証券評価差額金（マイナス部分）の控除

> その他有価証券評価差額金の科目に計上した額
> （当該額がゼロ以上である場合にあっては、ゼロ）
> をゼロから減じて得た額

分配可能額に対する影響

0 ⊖ 会社計算規則158条2号

> その他有価証券の評価差額がマイナス（評価損）の場合に、その絶対値を入力するという意味
> 会社法の剰余金概念には評価差額金は含まれないが、分配可能額の算定にあたっては、評価差額金がマイナスの場合は剰余金からこれを控除する

土地再評価差額金（マイナス部分）の控除

> 土地再評価差額金の科目に計上した額（当該額が
> ゼロ以上である場合にあっては、ゼロ）をゼロか
> ら減じて得た額

0 ⊖ 会社計算規則158条3号

> 土地の評価差額がマイナス（評価損）の場合に、その絶対値を入力するという意味

3 算定シート（イージー版）による算定結果〜問3-3

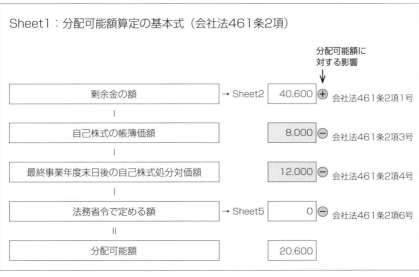

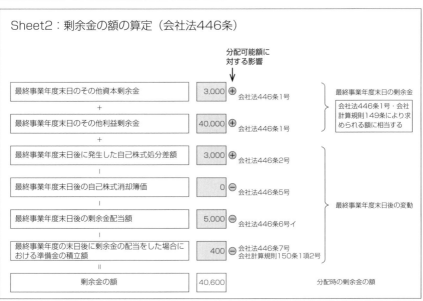

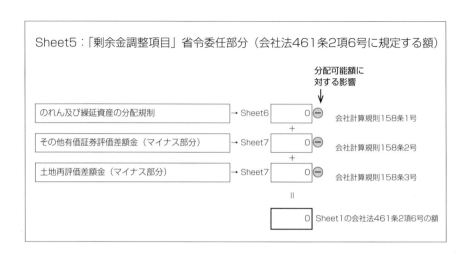

Sheet7：評価差額金のマイナス部分の控除（会社計算規則158条2号及び3号）

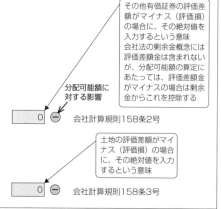

その他有価証券評価差額金（マイナス部分）の控除

その他有価証券評価差額金の科目に計上した額（当該額がゼロ以上である場合にあっては、ゼロ）をゼロから減じて得た額

土地再評価差額金（マイナス部分）の控除

土地再評価差額金の科目に計上した額（当該額がゼロ以上である場合にあっては、ゼロ）をゼロから減じて得た額

4 算定シート（イージー版）による算定結果〜問3-4

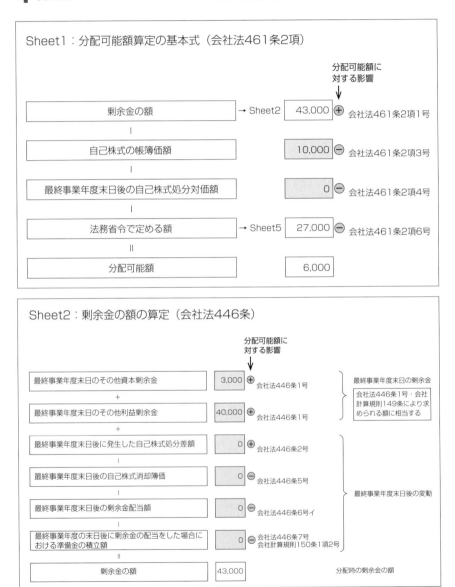

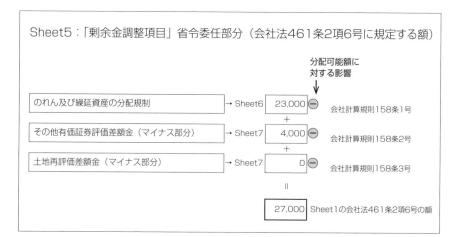

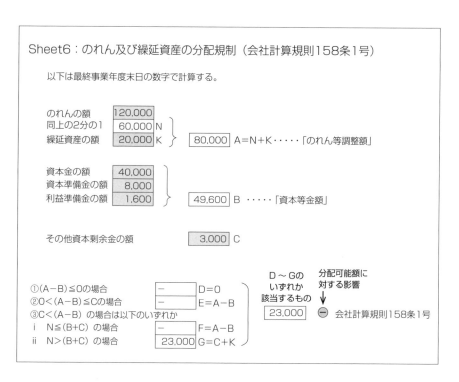

Sheet7：評価差額金のマイナス部分の控除（会社計算規則158条2号及び3号）

その他有価証券評価差額金（マイナス部分）の控除

その他有価証券評価差額金の科目に計上した額（当該額がゼロ以上である場合にあっては、ゼロ）をゼロから減じて得た額

4,000 ⊖　会社計算規則158条2号

分配可能額に対する影響

その他有価証券の評価差額がマイナス（評価損）の場合に、その絶対値を入力するという意味
会社法の剰余金概念には評価差額金は含まれないが、分配可能額の算定にあたっては、評価差額金がマイナスの場合は剰余金からこれを控除する

土地再評価差額金（マイナス部分）の控除

土地再評価差額金の科目に計上した額（当該額がゼロ以上である場合にあっては、ゼロ）をゼロから減じて得た額

0 ⊖　会社計算規則158条3号

土地の評価差額がマイナス（評価損）の場合に、その絶対値を入力するという意味

算定シートで触れなかった論点

　第1章で説明したとおり、本書に収録した算定シートは、いくつかの前提条件を満たす場合のみ使用可能となっています。実務であまりお目にかかることのない論点を扱っていないためです。ここでは、それらの論点を簡単に説明しておきます。

臨時決算

　株式会社は期中において決算に準じた手続を行うことにより、任意で臨時計算書類を作成することができます。臨時計算書類を作成し、一定の承認を受けた場合、臨時決算日までの期間利益または期間損失を剰余金の分配可能額に反映させます（図表1-5、会社法461条2項2号イ及び5号）。また、臨時決算日までの期間内に自己株式を処分した場合、当該自己株式の対価の額を分配可能額算定上加算します（図表1-5、会社法461条2項2号ロ）。

　期中に臨時決算が何度も行われる場合の措置も、別途定められています。臨時決算によって計算される当期純利益等は期首からの累積値であるため、臨時決算が期中に複数回行われると、2度目以降の臨時決算については、それより前の臨時決算で分配原資として取り込んだものを再度取り込むことになってしまいます。その重複を除く措置が定められています（図表1-23、会社計算規則158条5号）。

現物配当

　現物配当とは、配当財産が金銭以外の財産である場合をいいます。その場合、株主に対して金銭分配請求権（現物に代えて金銭を交付することを請求できる権利）を与えることと、一定の数未満の数の株式を有する株主（基準未満株主）に対して配当財産の割当をしないこと（相応の金銭が支払われる）を定めることができます。

　このことを前提に、最終事業年度末日後に剰余金の配当をした場合、減少する剰余金の額は以下の三つの合計とします（図表1-10、会社法446条6号）。

①配当財産の帳簿価額の総額（金銭分配請求権行使株主分除く）

②金銭分配請求権行使株主に交付した金銭の額の合計額

③基準未満株主へ支払った金銭の額の合計額

つまり、金銭以外の財産を交付した場合の当該資産の帳簿価額と、金銭を交付した場合の当該金銭の額を合計して、剰余金から減少させるということです。

吸収型再編受入行為

　吸収型再編受入行為（吸収合併、吸収分割、株式交換）をした場合に自社株を使うケースへの対応は、会社計算規則150条1項3号に定められています（図表1-14）。最終事業年度の末日後に株式会社が吸収型再編受入行為をした際に、処分した自己株式に係る自己株式処分差額を剰余金の額から減算します。

　吸収合併等により会社や事業を受け入れる際、その対価として新株を発行したり、自己株式を渡したりする場合は、組織再編行為の前後で剰余金の額が変動します。したがって、会社計算規則150条1項5号により、組織再編行為の前後で変動した剰余金の額を考慮しますが、組織再編の一環で処分した自己株式の処分差額は、そこに含まれます（図表1-14）。そこで、会社法446条2号で加算される自己株式処分差額に含まれる組織再編関連の分を、ここで相殺する仕組みとしているのです。

　これに関連して、会社計算規則158条10号では、吸収型再編・特定募集に係る自己株式処分対価額を分配可能額算定上加算することとしています（図表1-23）。会社法461条2項4号で控除した自己株式処分対価額の中に、組織再編で使用した自己株式の処分対価額が含まれていますが、組織再編で変動する剰余金を上記のとおり会社計算規則150条1項5号で調整しているので、これとの整合をとるための相殺規定です。吸収型再編に係る自己株式処分対価額は、通常の自己株式処分対価額と異なり、決算を経なくても分配可能額に組み入れられるという意味です。

　同様に、臨時計算書類を作成する場合は、会社法461条2項2号ロで自己株式処分対価額を分配可能額に加算するため、これに含まれる吸収型再編受入行為・特定募集に係る自己株式処分対価額を、会社計算規則158条7号で剰余金算定上控除するよう定めています（図表1-23）。会社計算規則158条10号ですでに加算されているためです。

　なお、吸収型再編行為に関する規定と合わせて置かれている特定募集とは、株式会社が全部取得条項付種類株式（株式会社が株主総会の特別決議によりその全部を取得すること

ができると定款に定めた種類株式）を取得した際に、その取得した株式の引受けに応募した者に取得と同日にその取得した株式を処分し、その処分対価で全部取得条項付種類株式の取得対価を払うことをいいます。全部取得条項付種類株式の取得と処分が同時・同額に行われ、実質的な会社財産の流出がないので（会社をスルーするだけ）、会社計算規則158条7号及び10号（臨時決算を年度内に複数回行う場合は5号も含む）で、分配可能額の計算に影響させないよう措置されています（図表1-23）。

無対価の分割

会社計算規則150条1項4号は、対価が交付されない吸収分割、対価が割り当てられない新設分割に適用されるものです（図表1-14）。例えば、親会社が100％子会社に会社分割により事業を移転する場合で、親会社がその事業の対価を特に受領しないような場合です。吸収分割会社（事業を切り出す会社）から吸収分割承継会社（事業を受け入れる会社）に剰余金を引き継ぐケースであれば、吸収分割会社における剰余金の減少のことを指しています。

最終事業年度の末日後に、株式会社が吸収分割会社または新設分割会社となる吸収分割または新設分割に際して剰余金の額を減少した場合における当該減少額を、剰余金の額から減算します。

会社計算規則21条にかかわるその他資本剰余金

会社計算規則150条1項6号では、「最終事業年度の末日後に第二十一条の規定により増加したその他資本剰余金の額」を剰余金の額に加算するよう定めています（図表1-14）。

この会社計算規則21条には、以下の義務が履行された場合にはその他資本剰余金を増加させるとあります。

・株式会社成立のときにおける現物出資の価額が定款に定めた価額に著しく不足する場合の発起人の支払義務

・不公正な払込金額で株式または新株予約権を引き受けた者の支払義務

剰余金の額の算定上はこれらを含めるのですが、総会の承認を経るまでは分配可能額には反映させないという趣旨で、会社計算規則158条8号イで減額の定めがなされていま

す（図表1-23）。

種類株式の活用（自己株式の入替え）

　会社計算規則158条9号では、最終事業年度の末日後に株式会社が当該株式会社の株式を取得した場合（当該株式の株主に対して当該株式会社の株式を交付した場合に限る）における当該取得した株式の帳簿価額を分配可能額算定上加算することとしています（図表1-23）。

　「自己株式の取得の対価として当該株式会社の株式を交付する」ということですから、同じものを交換して何の意味があるのかと受け取れますが、これは「自己株式を取得する場合にその対価として別の種類の自己株式を交付する」と読み解きます。

　その場合、単に自己株式の入替えが行われたにすぎないので、分配可能額は変動しません。ところが会社法461条2項4号では、この入替えに係る自己株式の処分対価の額が減額されるので、新たに取得した自己株式の帳簿価額を足し戻すようにしているのです。なお、自己株式以外の財産を交付する場合はこれに該当しないので、その分を控除した額で足し戻します。

設立初年度の場合

　最終事業年度の末日がない場合、すなわち会社成立1年目における分配可能額についても定めがあります。条文の記載は複雑ですが、基本的に、成立の日の貸借対照表上のその他資本剰余金とその他利益剰余金の額の合計をスタートとして、最終事業年度がある場合と同様に、期中変動を考慮して分配時の剰余金を求めます（会社計算規則150条2項）。そして、これを基準に分配可能額を求めます。

3 算定シートからの卒業

　本章では試験問題を材料に分配可能額の算定方法を解説しました。各問題には二通りの解法を示しました。一つは、計算機を使って自ら計算する解法です。もう一つは、本書に収録の算定シート（イージー版）を使った解法です。

　実は、二通りの解法を試してみると、あることに気づきます。計算機を片手に自ら計算するほうが楽だということです。算定シートのほうは、数値を入力すれば自動的に分配可能額が算定されることから、一見楽であるように思えますが、そうではないのです。

　算定シートを使って分配可能額を計算するという方法は、指定されたセルに該当する数値を間違いなく入力していくことが求められます。これはなかなか気を使う作業です。1か所でも入力を間違えば、正解は得られないかもしれません。入力漏れがないかどうかも確認しなければなりません。こうしたことから、算定シート（イージー版）の入力は面倒に感じるところがあるのです。

　一方、自分で手を動かして計算する場合は、その面倒がありません。計算する過程で計算内容を自然と確認するため、意外に間違いもありません。意味を考えずに数字を打ち込む単純な入力作業ではないため、不注意なミスが起きにくいのではないでしょうか。

　本書の目的の一つは、分配可能額をエクセルで計算できるシートを実務の場に提供することなので、上に述べたことはその目的を否定するようなことかもしれません。しかしながら、本書をここまで読んでくださった方には、その意味がよくわかっていただけるはずです。

　算定シートを使って、分配可能額を会社法の条文に忠実に計算していくことを何度か繰り返すうちに、算定方法が自然と身につき、わざわざ算定シートに入力しなくても自分で計算できそうだと思えるようになるからです。特に第2章及び

第3章で説明した Shortcut を知ってしまうと、算定シートを使って計算することは、かなり面倒になります。実際に簡単な問題を第4章で解いてみると、そのことが実感できます。そして本章で、実務により近い問題を解くにあたっては、もはや算定シートを必要としていないことに気づくでしょう。

　このように読み進めていただけたことを前提に、本章の Another View では難しいテーマを紹介しました。

　つまり、本書の算定シートというのは、基本を学ぶための入口であって、最終的にはそこから出ることによってはじめて、分配可能額の算定方法を身につけるという一歩先の目標に達することができるのです。

　分配可能額の計算は、ある意味非常に機械的です。おそらく容易にシステム化できる内容だと思います。しかし、システム化すると、それによって計算された値が正しいかどうかという"検証"の問題も出てきます。

　会社の実務では、検証は重要かつ負担の大きいものです。しかし、分配可能額の算定方法をマスターしていれば、システムが計算した値を、人が計算機を用いて検証するということも可能になります。そのためにも、まずは算定シートという基本の型に入っていただきたいですが、そこから出ることを忘れないようにしてください。

自社株買いにもつきまとう分配可能額

　本章で紹介した3題の試験問題は、2014年から2015年にかけて出題されたものです。分配可能額に関する問題がこの時期に立て続けに出題されたのは、日本企業の業績がその少し前あたりから非常に好調だったことと関係がありそうです。

　日本経済は、2012年末に発足した第二次安倍内閣が掲げた経済政策（アベノミクス）により、円安と株高が急激に進みました。こうしたマクロ経済環境の変化を背景に、輸出企業を中心とした日本企業の業績は、2012年度から2013年度にかけて大変好調となりました。その結果、日本企業の配当額も増加したわけです。

　前年より配当金を増加させた（増配）企業もあれば、前年まで配当を行っていなかった（無配）企業が配当を復活させた（復配）ケースもあったことでしょう。いずれにしても配当への関心が高まったわけです。会計系の資格試験で、分配可能額を算定させる問題が出題されたのは、こうした流れを受けてのものと見られます。

　業績回復を機に配当を増やすというのは当たり前の話ですが、財務分析的には次のような意味合いがあります。

　企業がもうけを出すと、それは貸借対照表の純資産に累積していきます。儲かれば儲かるほど、純資産の額が大きくなっていきます。そうすると、ROE（Return On Equity）が押し下げられてしまう可能性が出てくるのです。

　ROEというのは、株主の立場から見た企業の収益性の指標です。利益を自己資本（純資産から一定の項目を控除したもの）で除すことにより求める比率（百分比）です。純資産額が膨らむことは、ROEを求める算式の分母が膨らむことを意味します。つまりROEを押し下げるように働きます。

　ROEを下げないようにするにはどうすればよいかというと、それが配当の実施なのです。純資産に累積していく儲けを株主に分配すれば、累積度合いが緩やかになります。ROEは経営指標の中でも特に重視されるものの一つです。企業としては、ROEへの引下げ圧力を緩和するために配当を実施していると見ることもできます。

　ROEを下げないようにする方法は他にもあります。会社が自己株式を取得すること、す

なわち自社株買いです。自社株買いを行うと、純資産の額が減少します。ROEを求める算式の分母が減少し、ROEを引き上げる効果が期待できます。本来、ROEの引上げは、分子である利益を増やすことを第一に取り組むべきですが、確実性が高いのは配当の実施や自社株買いによる分母の縮小です。

配当と自社株買いは株主への利益還元という意味では同じですが、異なる点もいくつかあります。その一つは、自社株買いを行った場合は発行済み株式数が減るという点です。その結果、一株当たり利益（EPS）が上昇します。EPS（Earnings Per Share）は利益を株数で除して求めます。自社株買いにより分母の株数が減るので、EPSが上昇するのです。上場会社の場合、これは一般的に株価の上昇につながります。

さて、ここからが大事です。

自己株式の取得というのは、一定の場合（会社が不可避的に取得する場合）を除き、分配可能額による規制の対象となります。このことが見落とされていることが少なくないのです。分配可能額というのは、剰余金の配当等に関する規制ですが、剰余金の配当等の「等」のところに「自己株式の取得」が隠れているのです。

そのことを知識として理解していても、いざ実務となると間違えることもあります。例えば、3月決算企業が2月に自己株式の取得を決めるとします。このとき分配可能額をどうやって算定するかというと、前期末の決算書の数字をベースに算定するのです。その年度の決算の着地予想も見えてきた2月において、1年近く前に作成した決算書を引っ張り出してきて分配可能額を算定するのです。

まず前期末時点における分配可能額を求め、そこから期中に実施した配当金の総額を控除します。そして、期中においてそれまでに自己株式の取得があればその額も控除して、2月時点の分配可能額を求めます。

その分配可能額の範囲内に、これから取得する予定の自己株式の額が収まっていなければならないのです。これはルールなので大事なことではありますが、自己株式の取得を決定する責任者にとっては、それだけではなく、当年度決算の着地予想との兼合いもまた気になるわけです。その意味で分配可能額が盲点になってしまうこともあると考えられますので、分配可能額を超過した自社株買いとならないよう注意する必要があります。

主な参考文献

・相澤哲、郡谷大輔「新会社法関係法務省令の解説（9）分配可能額〔上〕」（『商事法務』No.1767、商事法務、2006）

・相澤哲、郡谷大輔「新会社法関係法務省令の解説（10）分配可能額〔下〕」（『商事法務』No.1768、商事法務、2006）

・明坂朝則「会社計算規則における剰余金区分の原則」（『企業会計』VOL.58 NO.6、中央経済社、2006）

・太田達也『会社法決算のすべて［全訂版］』（商事法務、2010）

・片木晴彦「会社計算規則の構造・概要」（『企業会計』VOL.58 NO.6、中央経済社、2006）

・金丸和弘、藤津康彦著、森・濱田松本法律事務所編『会社の計算（第2版）』（中央経済社、2015）

・栗原脩『会社法入門』（金融財政事情研究会、2015）

・郡谷大輔、和久友子、小松岳志『「会社計算規則」逐条解説』（税務研究会出版局、2007）

・滝澤ななみ『スッキリわかる日商簿記1級　商業簿記・会計学Ⅱ資産・負債・純資産編　第7版』（TAC出版、2015）

・田中亘、秋坂朝則監修『会社法関係法務省令逐条実務詳解』（清文社、2016）

・手塚仙夫「剰余金分配規制と分配可能額の算定」（『企業会計』VOL.58 NO.6、中央経済社、2006）

・弥永真生『コンメンタール会社計算規則・商法施行規則［第2版］』（商事法務、2009）

・吉田利宏『元法制局キャリアが教える　法律を読む技術・学ぶ技術［改訂第3版］』（ダイヤモンド社、2016）

・株式会社すかいらーく「平成27年12月期（第5期）配当予想の修正に関するお知らせ」（平成27年5月1日）

■著者紹介

石王丸 周夫 (いしおうまる のりお)

公認会計士

1968年大阪市生まれ。慶應義塾大学商学部卒業。監査法人トーマツ (現・有限責任監査法人トーマツ) を経て、2004年に石王丸公認会計士事務所開業。おもな著作に、経営分析のオリジナル手法を紹介した『会社の姿が浮かびあがるカンタン経営分析 決算書あぶり出し分析法』、ヒューマン・エラー防止法を扱った『パターン別 計算書類作成「うっかりミス」の防ぎ方』(以上、清文社) がある。

経理財務担当者、士業のための
最短で導き出す 分配可能額

2016 年 12 月 9 日　発行

著　者　　石王丸 周夫 ⓒ

発行者　　小泉 定裕

発行所　　株式会社 清文社

東京都千代田区内神田 1 − 6 − 6 （MIF ビル）
〒101-0047　電話 03（6273）7946　FAX 03（3518）0299
大阪市北区天神橋 2 丁目北 2 − 6 （大和南森町ビル）
〒530-0041　電話 06（6135）4050　FAX 06（6135）4059
URL http://www.skattsei.co.jp/

印刷：亜細亜印刷㈱

■著作権法により無断複写複製は禁止されています。落丁本・乱丁本はお取り替えします。
■本書の内容に関するお問い合わせは編集部まで FAX（03-3518-8864）でお願いします。

ISBN978-4-433-64586-1